LA MATERNITÉ

Alexandre MINKOWSKI

La maternité

Pour toutes les mères qui nous ont faits
et aimés ;
Pour toutes les mères d'enfants handicapés auxquelles nous n'avons cessé de penser tout au long de ce livre.

A. M.

FAYARD

Avant-propos

Il y a bientôt 45 ans, presque un demi-siècle, que j'ai commencé à être mêlé de près à ce qui concerne la mère et l'enfant.

J'ai beaucoup appris des mères, des infirmières, des femmes médecins, des femmes en général, et c'est pourquoi je leur dédierai ce livre, plus particulièrement à certaines d'entre elles : c'est en lisant leurs propres ouvrages que j'ai pu çà et là étayer le mien de documents précis, scientifiques, rigoureux, voire austères, mais où la tendresse est toujours présente.

De la tendresse, il en faut en effet constamment, il en a fallu au cours des siècles aux femmes courageuses, héroïques, pour assurer, très souvent dans la douleur, notre naissance, le renouvellement des générations, pour être l'âme de la famille. Et la banalité de mes propos me gêne d'autant moins que je me suis efforcé, dans ce livre, d'évoquer *sur pièces*, justement, la transformation culturelle de la maternité et de la naissance, de l' « art de naître » en Occident et bientôt, vraisemblablement, dans le tiers monde.

Parmi celles à qui je voudrais témoigner ma reconnaissance pour ce qu'elles m'ont appris, pour l'information sérieuse qu'elles dispensent, je citerai :

— Françoise Loux, ethnologue, qui a eu, entre autres, un prématuré de très faible poids dans notre service ;

— quatre femmes médecins auteurs d'ouvrages remarquables : Denise Bittner, Catherine Dubuit, E. Delmas-Latour, Françoise Simon-Jean ;

— Françoise de Boissieu, qui a pris l'initiative de créer un comité périnatal au ministère de la Santé, dont elle m'a confié l'animation ;

— Odile de Bethmann, pédiatre, qui se dépense sans compter auprès des mères, des enfants de notre service et qui dispense l'enseignement aux lycéennes qui, toutes les semaines, visitent notre unité de recherche ;

— toutes les infirmières et sages-femmes sans qui les Françaises perdraient beaucoup d'enfants ;

— Mademoiselle Dienesch, qui fut de loin notre meilleur ministre des Affaires sociales ;

— les responsables des différentes associations rurales et d'agriculture (C.N.J.A.) ;

— toutes les femmes qui dispensent leur tendresse aux enfants handicapés,

— et toutes les mères, enfin.

Quant aux hommes, ils m'excuseront de les laisser de côté. Ils sont partie prenante à notre histoire, mais leur rôle reste ici plutôt mince.

Un seul pourtant doit à mes yeux être nommé ici, Julian de Ajuriaguerra. Quelle joie de lui rendre visite à son bureau du Collège de France et de voir, accrochés aux murs, des panneaux illustrant ce qu'il appelle les « *comportements de tendresse* » !

Tel devrait être le maître-mot de nos démarches.

A. M.

I

Naissance et cultures

Je ne peux commencer à écrire ces lignes sans évoquer le sourire de la *Vierge enceinte* de Piero Della Francesca.

A Monterchi, en Toscane, au bout d'une longue allée montante bordée de cyprès, on pénètre dans une petite chapelle où le seul tableau est celui de cette jeune femme cambrée, laissant en quelque sorte aller son ventre en avant. Son sourire est à peine ébauché, ses lèvres sont entrouvertes, sa robe échancrée sur le devant comme si quelque chose devait apparaître prochainement en cet endroit. Deux anges, à ses côtés, soulèvent une tenture comme un rideau de théâtre.

L'image de la sérénité de la jeune mère qui « porte » est là comme le témoignage de ce miracle éternel : l'annonce de l'imminente naissance.

C'est là que l'art exprime tout ce que la science ou les pseudo-sciences ne parviennent plus ou moins à expliquer que partiellement. Cette femme qui porte avec bonheur et gravité, aime, en son corps, l'enfant qu'elle recèle, mais elle est aussi pleine de cette

9

certitude : celle d'assurer la pérennité de l'espèce [1].

Voilà pourquoi, en dépit des profondes modifications de l'environnement psychologique, social, médical de la naissance au cours des dernières décennies, celle-ci reste et demande à être encore considérée comme un phénomène culturel.

Trois ouvrages récents viennent de mettre l'accent sur cet aspect. D'abord deux livres écrits par des auteurs sérieux : l'une, Françoise Loux, ethnologue, a choisi de le titrer : *Le jeune enfant et son corps dans la médecine traditionnelle*. Nous lui ferons certains emprunts dans notre chapitre consacré au monde rural. Les autres, historiennes, Yvonne Knibielher et Catherine Fouquet, ont intitulé leur ouvrage : *L'histoire des mères du Moyen Age à nos jours*. Enfin, nous avons aimé la rigueur méthodologique de J.-F. Gelis, Laget et Morel dans *Entrer dans la vie*.

Un autre livre récent ne mérite guère mention, même s'il a fait l'objet d'un énorme battage publicitaire ; il pourrait figurer sous la rubrique « l'amour en moins », dans la mesure où il fourmille soit d'inexactitudes, soit de larges emprunts à des auteurs de marque, tel Ajuriaguerra qu'on n'a pas même jugé bon de citer [2].

Tout au long de cet ouvrage, il sera en effet le plus souvent question de la mère, cette personne qui doit presque tout assumer : la vie, la mort, le bonheur, la douleur, alors que le monde a été et demeure encore sous la coupe des hommes. Le petit d'homme, qui

1. C'est aussi en pleine majesté de sa grossesse qu'apparaît la *Vierge dorée* du retable de Matthias Grünewald à Colmar. Une encyclopédie de l'iconographie de la Vierge enceinte vient d'ailleurs de paraître à Munich (voir bibliographie).
2. Voir Loux F., *L'amour en plus ou les mots en moins* (1981), *Parti pris*, I, n° 1027, 22, 23, 24.

est partout l'objet de tous nos soins, tant il est au départ fragile et relativement peu autonome par rapport aux espèces animales, retiendra moins notre attention ici que dans notre livre *Pour un nouveau-né sans risques*. C'est de la condition de sa mère qu'il sera le plus souvent question, de ce qu'elle vit dans les différentes cultures, les différentes civilisations, de sa transformation récente dans les pays occidentaux et du nord où elle commence à « maîtriser » son corps alors que, dans les régions en développement, la maternité est encore subie avec fatalisme.

D'où l'idée de départ et la justification de notre chapitre « De la fatalité à la programmation », qui résume cette bouleversante mutation de la femme au cours du dernier siècle. Celle-ci a coïncidé à peu près avec l'époque de mes propres activités médicales (1933-1982 et plus...). J'en ai donc été un témoin attentif et stupéfait, pour ne pas dire impressionné, voire à certains égards émerveillé, tant était grand le passif dans la maternité d'antan.

Comme le dit Catherine Fouquet dans l'*Histoire des mères au Moyen Age*, ce fut alors « le temps du silence ». On exaltait la maternité de la Vierge pour sublimer ce qui fut souvent, selon toute vraisemblance, un calvaire. La femme souffrait, mourait fréquemment en couches, perdait son enfant. Ce que fut l'histoire naturelle des mères au Moyen Age sévit encore partiellement dans le tiers monde. Voilà ce que devraient peut-être se rappeler ceux qui, aujourd'hui, sous couvert d'écologisme et de naturalisme, préconisent la démédicalisation, le retour à l'accouchement à domicile, l'absence de précautions pour en revenir à une « bonne Nature » qui pourtant, dans ce domaine, n'était souvent à l'origine que de

11

la mort, sans qu'on puisse le moins du monde invoquer la fameuse « sélection naturelle »...

La prise en charge de ces événements par la médecine moderne a réduit les accidents de manière spectaculaire et constitue plus qu'un progrès : une révolution humaine.

Bien des sentiments existaient dès le Moyen Age, y compris l'amour maternel, comme le montre Le Roy Ladurie dans *Montaillou, village occitan*. Mais, déjà, la noblesse y a un comportement moins humain que les paysannes de Haute-Ariège. Nous aurons l'occasion de revenir sur le monde rural d'aujourd'hui chez qui restent vivaces des traditions similaires (que décrit bien Françoise Loux). Nous-mêmes, dans une période beauceronne de notre enfance qui nous a profondément marqué, avons pu appréhender à la fois la pérennité du « renouvellement des générations », jusque dans la difficulté, et cette acceptation du destin, du malheur et de la mort, résignation et fatalisme qui furent et restent encore trop souvent le lot des mères à travers le monde.

D'emblée, au Moyen Age, la « ruralité » se singularise, tout comme aujourd'hui. En matière de naissance et de maternité, nous ferons la part belle aux campagnardes, en France et dans le tiers monde. Elles ont des problèmes de fatigue, de travail, de lutte, d'éloignement qui sont leur lot depuis des siècles. La dépopulation des campagnes n'a fait qu'accentuer leurs difficultés.

Les paysannes allaitaient souvent, alors que les femmes nobles ne s'en faisaient guère une obligation. Mais s'il est vrai qu'aujourd'hui la femme réclame « la liberté de son corps », il arrivait au Moyen Age que « le ventre puisse être un instrument de pouvoir ». Dans de nombreuses sociétés anciennes et aujourd'hui encore, en particulier dans les pays riverains de la Méditerranée, le matriarcat a été une donnée historique persistante.

D'après les documents et livres que nous avons cités, c'est la « douleur de la maternité » qui apparaît surtout au fil des âges. Maternités souvent non désirées, maternités rapprochées et nombreuses ; la femme est presque toujours montrée comme transformée en machine à faire des enfants. Les avortements et infanticides existent depuis longtemps. C'est pourquoi la transformation récente de la fonction préventive dans le monde occidental, et son extrapolation prochaine au tiers monde, seront d'une portée imprévisible et modifieront de fond en comble le comportement des sociétés.

L'adaptation à ce changement est encore loin d'être achevée dans la mesure où elle fait de la femme une vraie « personne » indépendante, et l'engage à terme dans toutes les responsabilités du pouvoir sous toutes ses formes.

Au Moyen Age, le ventre peut être un instrument de subsistance pour la femme. Nos deux historiennes nous rapportent l'exemple des « ribaudes au corps insatiable », et la préférence accordée aux femmes grosses dans le tableau de la misère médiévale. De nos jours, c'est l'homme qui, à l'occasion, se sert de l'engrossement répété de sa femme pour subsister sans travailler. Aux Antilles, les allocations familiales sont surnommées « allocations braguettes ». Certains migrants travaillant en France procèdent de même. Quant aux Français métropolitains qui voudraient aujourd'hui en user de la sorte, ils auraient peu de chance de trouver chaussure à leur pied.

Si, au Moyen Age et aux périodes de famine des

13

règnes de Louis XIV, Louis XV et Louis XVI, les abandons et infanticides furent monnaie courante, Vincent de Paul et ses « bonnes sœurs » ont — Dieu merci — veillé au grain.

Dans un couvent de nonnes qui jouxte, à Rome, une des plus vieilles églises en rotonde, comme en bien d'autres hospices, on trouve trace de ce recueil anonyme de l'enfant abandonné : la mère venait déposer son enfant, à l'extérieur, dans un panier mobile, sans mot dire, sans être vue ni entendue. Un système roulant faisait pénétrer le panier à l'intérieur du couvent. Quel bel exemple de tolérance, de respect de la personne à qui on ne demande pas de s'expliquer... La charité chrétienne, en voilà une authentique.

Cela souligne assez qu'il y a déjà longtemps que la femme a essayé de lutter contre la fatalité : faute de programmation, elle rejetait alors la maternité comme elle le pouvait.

Naître autrefois en milieu rural.

Nous avons choisi de faire de la naissance en milieu rural l'un de nos thèmes essentiels. Cette préférence est d'abord d'ordre personnel. Pourquoi nous en càcher ? Nous sommes de plus en plus convaincu, l'âge avançant (dont témoigne depuis deux ans le plaisir de posséder une carte vermeille), que les motivations personnelles, surtout sentimentales, sont le moteur le plus puissant de nos démarches. Les Français passent leur temps à essayer de donner de leurs choix des raisons générales ou logiques. Peu de peuples au monde auront passé autant de temps à justifier leurs actes par la raison

14

et un prétendu souci de l'intérêt universel, sans pour autant tromper personne...

Le milieu rural est celui qui a marqué profondément une partie de mon enfance et j'y reviens avec joie puisque aussi bien le troisième âge, pour moi comme pour d'autres, est précisément l'occasion de « retomber en enfance ». Loin d'y voir une régression, j'y trouve prétexte à faire un pèlerinage aux sources, à renouer avec mes racines, à y puiser à la fois fraîcheur, spontanéité, et, pourquoi pas, un renouveau.

J'écris ces lignes au bord d'un carré de blé provençal que bordent une vigne et des cerisiers. En ce mois de juillet, les paysans sont aux champs. Bientôt les lavandiers s'occuperont de leurs fleurs et de leur miel, en septembre on s'affairera aux vignes, puis, à travers le Lubéron et au-delà du plateau de Vaucluse jusqu'aux Alpes de Haute-Provence, on verra se mouvoir les troupeaux (un de mes moniteurs de ski me disait « faire le berger » l'été et trouver plaisir à cette solitude qui se terminait chaque soir dans une cabane de pierres sèches).

Dans ma petite enfance, les mois d'été se passaient chaque année en Beauce. J'avais appris à glaner, à aider les moissonneurs à rassembler leurs bottes, à traire les vaches. Tout de suite, la *dureté* de la vie paysanne m'avait frappé et même choqué. Ne parlons guère des intérieurs sordides, du nombre d'heures de travail, du travail de bête de somme de la femme de l'exploitant (qui n'a guère changé). Insistons davantage sur les drames du travail (comme ceux des ouvriers de nos jours) : coup de pied de cheval mortel, le tétanos qu'on ne savait alors pas soigner, la mort de jeunes tuberculeux « épuisés à la tâche ». Pour moi, fils de psychiatres à l'enfance protégée, ce monde me paraissait hérissé de risques. Et j'en arrive là à l'explication personnelle d'un des thèmes qui m'obsèdent : la mort des femmes en couches.

Cela se passait dans les années 1920 à 25. Je n'entendais guère parler, en ville, de mort de femmes au moment de leur accouchement. Ma mère avait bien fait, en 1918, à la naissance de ma sœur, une redoutable « fièvre puerpérale [1] », mais elle s'en était sortie à une époque où n'existaient pas, bien entendu, les antibiotiques.

Je me rappelle encore, dans ce petit hameau beauceron de mon enfance, la mort affreuse de ma jeune voisine. J'avais 9 ou 10 ans. Une nuit, je fus réveillé par des cris qui devinrent rapidement insupportables ; ils évoquaient pour moi l'égorgement d'un animal (dont j'étais parfois témoin à la campagne). On m'expliqua que c'était « normal », que l'enfantement se passait dans la douleur, comme il est écrit dans la Bible. Cette référence à l'Ancien Testament était alors exceptionnelle. Seul l'Evangile était jugé convenable. Il y a soixante ans, en pleine Beauce, l'Ancien Testament était le livre des Juifs et exhalait par conséquent un arôme quelque peu diabolique. Bref, cette femme hurla plusieurs heures sans que personne ne s'en souciât. Le médecin ne fut appelé qu'au bout de très longues heures. A ce moment, la femme s'était tue. En quelques minutes, me raconta-t-on, elle se mit à saigner abondamment et mourut en présence du praticien désarmé.

Le contact du monde rural avec la mort était si

_____

1. Septicémie, fièvre septique, qui décimait encore les femmes après leur accouchement au début du siècle.

constant que celle-ci faisait en quelque sorte partie de la vie courante.

Il n'y avait, dans la mort de cette jeune femme, déjà mère d'un enfant de trois ans, rien d'insolite, rien d'inattendu. Ma « grand-mère de la campagne », ridée et le teint jauni sous son bonnet blanc, m'expliqua qu'elle s'en était retournée à Dieu et résidait désormais parmi les bienheureux. J'assistai à l'enterrement à Saint-Aubin-des-Bois, le village voisin, après avoir suivi le convoi sous un soleil de plomb, sur un sol plat couvert de blés dorés qui s'étendaient à l'horizon jusqu'au ciel où se trouvait, paraît-il, la jeune morte, qui n'était en somme plus dans ce cercueil que nous accompagnions jusqu'à sa « dernière demeure ».

A mi-parcours, nous fîmes halte devant un calvaire. Le Christ, saignant de toute part, comme avait aussi saigné la morte, était là, bien haut au-dessus des blés, témoin de notre douleur.

Tout le monde vêtu de noir semblait accepter cette mort maternelle comme un fait normal. Seul le petit citadin « protégé » que j'étais sentait monter en lui une sourde révolte devant cette mort « contre-nature » d'une femme jeune et qui laissait un petit garçon de trois ans. Qui pourrait jamais la remplacer ? J'imaginais sur-le-champ la mort de ma propre mère, si bonne avec moi, si nécessaire, comme l'était aussi ma « nounou » ou gouvernante. Beauceronne, toute en noir à mes côtés dans ce convoi, elle avait perdu son fils unique de quinze ans et n'avait pu s'en consoler en partie qu'en s'attachant à moi.

En cet instant que je me rappelle avec intensité, avec une précision troublante, la mort des jeunes me parut absolument inacceptable. Je n'ai guère varié depuis.

En ces quelque soixante ans, la vie rurale a changé. Mais, toutes proportions gardées, bien des inégalités par rapport à la population urbaine ont persisté. La mort des mères à l'accouchement, pour plus rare qu'elle est devenue de nos jours, reste plus élevée parmi la population campagnarde, tout comme le nombre des mort-nés, des accouchements prématurés, des morts à la naissance (durant la première semaine de vie).

Ce qui a perduré comme autrefois, c'est le travail épuisant de certaines catégories d'agricultrices, en particulier celui des femmes d'exploitants. Si les femmes des milieux ruraux ne représentent plus la majorité des Françaises, elles n'en constituent pas moins une des catégories les plus exposées pendant leurs grossesses. Pour nous qui avons fait leur connaissance au fil des années — par leurs différentes associations que convoquait avec tant de discernement Françoise de Boissieu dans le cadre du comité périnatal que je présidais —, elles ont été l'occasion de découvrir une partie de cette « France profonde » que la télévision ignore trop, occupée qu'elle est non à nous renseigner sur la vie réelle des Français, mais à nous assener les discours creux de la classe politique.

Ces agricultrices et travailleuses du milieu rural, nous avons passé de nombreuses heures à les écouter, au Centre National des Jeunes Agricultrices ou lors d'un congrès organisé à Bordeaux par la section française de l'U.N.I.C.E.F. Leur vitalité, leur dynamisme, leur compétence, le désir de prendre elles-mêmes en main leur destin et leurs problèmes, nous ont constamment enchanté. C'est à leur expérience que je veux puiser pour imprimer ses orientations à ce livre en découvrant et révélant les richesses humaines de notre population rurale, notamment de ces femmes dont le dur labeur contribue à préserver notre équilibre biologique et de qui émanent bien des idées originales. Plus encore que dans le récent témoignage, vivant et militant, intitulé l'*Agricultrice*, c'est dans un remarquable ouvrage de Françoise Loux, ethnologue rigoureuse et sensible, que nous avons trouvé une étude qui rend bien compte de ce qui nous attache à ce milieu.

Le titre de ce précieux document est, je le rappelle, *Le jeune enfant et son corps dans la médecine traditionnelle*. Je l'ai préfacé parce que Françoise Loux avait eu un prématuré de très faible poids soigné dans notre service dans des circonstances angoissantes. Longtemps cet enfant demeura entre la vie et la mort, et nous restâmes un certain temps sans savoir si nous pourrions le rendre à sa mère vivant, et, surtout, ce qui est plus important, avec un cerveau normal. La chance nous sourit puisque l'enfant a aujourd'hui cinq ans et va bien.

Nous voulons relever quelques-unes des remarques intéressantes de l'auteur et qui témoignent, entre autres, de l'insécurité actuelle des paysannes, souvent éloignées de tout, face à la grossesse et à l'accouchement, au nouveau-né et au nourrisson, dans cette *solitude* qui effraie et explique toute une série de croyances qui fleurirent aux siècles passés pour persister parfois encore aujourd'hui.

« Il ne faut pas regarder et condamner de l'extérieur les superstitions paysannes, mais il faut rechercher leur cohérence interne... Même dans un univers hospitalier hautement technicisé, d'autres formes de rapports symboliques peuvent s'établir. »

Ce que suggère ici Françoise Loux est important

dans la mesure où la technologie avancée risque d'ignorer ou de réduire les rapports humains, la chaleur de la relation. Or une part de cette relation, loin d'être enseignée à la Faculté de médecine, vient de nos traditions ancestrales. Ajuriaguerra, Philippe Ariès et d'autres les font remonter au xve siècle et il est sûr, à regarder et même contempler le comportement « naturel » des infirmières vis-à-vis de parents angoissés, qu'il faut en rechercher les fondements dans nos anciennes coutumes. Nous « redécouvrons maintenant l'importance du symbolisme qui imprégnait jadis toutes les façons d'agir à l'égard du corps. »

« A l'enfant, il faut la chaleur de la mère » : c'est un beau proverbe gascon du début du xxe siècle qui rend compte de la disparition progressive de la mise en nourrice, pratique séculaire.

Et ceci nous amène à parler à nouveau de la mort, non plus celle de la mère comme au cœur de ce chapitre, mais de l'enfant telle qu'elle a été vécue pendant des siècles et reste encore parfois redoutée dans les régions reculées des Alpes de Haute-Provence ou des Cévennes, par exemple.

Au xviiie siècle, « il fallait mettre au monde deux enfants pour que l'un d'eux ait une chance de parvenir à l'âge adulte : *qui n'en n'a qu'un n'en a aucun,* dit le proverbe ». Au début de notre siècle, la crainte de la mort du jeune enfant était encore très présente dans les esprits en milieu rural. On trouve trace aujourd'hui de cette angoisse parmi tous les peuples du tiers monde où la paysannerie, qui représente 80 à 90 % de la population, n'a accès à aucun soin. Et ce ne sont pas les « matrones traditionnelles » qui contribuent à la réduction des risques énormes de la naissance pour la mère comme pour l'enfant [1].

Pour Françoise Loux, c'est dans nombre de pratiques, de représentations et de craintes courantes à la campagne au XIXe siècle que se trouvent les racines de certaines attitudes actuelles à l'égard du jeune enfant. La peur ancestrale des maladies infantiles dans la presse féminine, l'appel affolé aux médecins pour le moindre malaise du nourrisson, l'inquiétude vis-à-vis des maladies héréditaires, l'importance accordée aux maladies psychosomatiques, seraient pour une large part l'héritage d'angoisses justifiées de nos grands-parents. Ce n'est pas un hasard si les pèlerinages en faveur des enfants malades ou atteints de retard mental sont ceux qui ont le mieux survécu.

J'aime lire, sous la plume de Françoise Loux, la dénonciation en France d'une profonde inégalité sociale et régionale affectant les enfants des classes défavorisées nés dans les régions médicalement sous-équipées. Nous noterons ailleurs qu'il meurt deux fois plus de nouveau-nés en Corse que dans la région Rhône-Alpes. L'activité de « Centres de Protection maternelle et infantile » et celle de médecins privés y relèvent encore trop souvent de la routine, et la prévention périnatale y est encore fréquemment réduite à une formalité administrative.

Pour notre ethnologue, les recommandations actuelles se surimposent souvent à des pratiques ou à des croyances anciennes. On a souvent tourné en

1. Notons cependant dès maintenant que l'Organisation Mondiale de la Santé préconise un effort mondial pour donner à ces « matrones » une formation technique de sages-femmes. C'est une intention louable. Nous y reviendrons en détail au chapitre consacré au tiers monde.

dérision ces « superstitions », alors qu'il existait une grande cohérence des représentations traditionnelles relatives à la médecine. Ainsi sait-on depuis longtemps que les maternités rapprochées suscitaient chez les femmes une réserve beaucoup plus grande que chez leurs maris. Or il est maintenant prouvé par les statistiques et l'épidémiologie que ces maternités rapprochées sont un facteur de prématurité.

Qu'en est-il, traditionnellement, de la fécondité et de la stérilité ? Quand une femme ou une jeune fille sert de modèle à un peintre ou à un sculpteur pour représenter la Vierge Marie tenant l'enfant Jésus dans ses bras, elle est « condamnée à n'avoir pas d'enfants ». Il existe souvent un grand mépris pour les familles qui n'essaient pas de maîtriser leur fécondité, fléau que l'on attribue très souvent à l'alcoolisme : « D'enfants et de revues à boire, il n'y en a jamais trop. » De nombreux saints sont invoqués pour guérir la stérilité, tel le culte répandu de sainte Anne, mère de la Vierge, guérie de la stérilité par miracle. L'exemple le plus frappant du symbolisme en ce domaine est celui de saint Génitor, que les femmes stériles invoquent en Touraine en mettant un doigt dans un trou creusé dans la statue. Dans la Creuse, les femmes stériles viennent gratter au couteau certaine partie de saint Greluche et boivent la poudre ainsi obtenue en la macérant dans du vin blanc. L'excès de fécondité, qu'extériorisent les grossesses gémellaires, est condamné, comme les grossesses trop fréquentes ou rapprochées. Les jumeaux, souvent prématurés ou fragiles, sont particulièrement exposés à la mortinatalité, aussi les recommandations à leur sujet sont-elles plutôt formulées négativement.

La coutume populaire ne parle pratiquement que de la stérilité féminine. Les accusations systématiques contre les femmes n'ont d'ailleurs pas pris fin malgré les connaissances scientifiques récentes sur la fréquence de la stérilité masculine. Bien plus, comme le fait remarquer Gelis, la femme serait aussi « dépositaire de l'espérance d'avoir des garçons, porteurs des destinées des familles ».

Ainsi, en France même, persiste encore fréquemment le reproche fait à la femme, visiblement toujours héritière du péché originel, d'être stérile et unique responsable des malformations congénitales des nouveau-nés. Il faut rappeler ici combien cette histoire stupide d'Eve et de la pomme est encore vivace, même inconsciemment, faisant en quelque sorte de la femme la responsable de tous les péchés d'Israël ! Les chrétiens ont d'ailleurs repris ce mythe dont les traces sont encore vivaces. Et voilà sur quoi repose en partie cette fameuse civilisation judéo-chrétienne dont l'Occident nous rebat les oreilles ! Jamais ni les rabbins ni les églises chrétiennes n'ont fait l'effort de trouver une formule de remplacement. Rien d'étonnant à cela puisque, chez les juifs comme chez les chrétiens, ce sont toujours les hommes qui transmettent, révisent, prescrivent et ordonnent.

Si, dans le Coran, au contraire, la femme paraît protégée et parfois même idéalisée, il n'en découle pas forcément un grand respect à son endroit dans le monde islamique. Que de femmes répudiées parce que stériles ou prétendues telles ! Il n'est jamais question ici d'une référence quelconque à la stérilité masculine, puisque l'engendrement d'enfants aussi nombreux que possible est, dans l'univers musulman, l'une des manifestations essentielles de la virilité. Bien plus, la femme y est encore rendue responsable de produire des filles. Même dans un pays soi-disant progressiste comme l'Algérie, combien ne voit-on pas de femmes battues parce qu'elles rentrent à la maison avec une deuxième ou une troisième fille... Si l'on ajoute à toute cette vindicte les pratiques innommables des excisions clitoridiennes et des infibulations chez la petite Africaine, tantôt chez les musulmans, et jusque chez les coptes égyptiens, on pourra juger ici combien, à des degrés divers, les peuples religieux traitent encore la femme en esclave et en objet de péché. Avec la famine mondiale et les morts civils des guerres (comme celle du Liban), c'est une des hontes de notre siècle. Si Dieu existe — ce dont nous nous permettons souvent de douter —, il doit dans ses cauchemars consommer bien des tranquillisants pour parvenir à oublier cet être monstrueux qu'il a créé : l'homme.

Voici en tout cas ce qu'écrivait au XVIIIe siècle Procope-Couteau dans son *Art de faire des garçons*, cité par Gelis :

« Un homme ne peut pas à son choix faire couler sa semence des vésicules séminaires qui sont à droite plutôt que de celles qui sont à la gauche. La femme, au contraire, peut la diriger vers celui des ovaires qui lui plaît. Elle n'a qu'à se pencher toujours de son côté lorsqu'elle travaille à devenir mère. Tant qu'il ne sera pas arrosé par la semence des vésicules séminaires auxquelles il correspond, la femme restera stérile ; elle ne deviendra féconde que lorsque cet ovaire sera arrosé par la semence des vésicules séminaires qui lui sont analogues... »

Le même propose ensuite, pour faire avancer la connaissance en ce domaine, de couper un testicule et un ovaire aux criminels condamnés à la peine capitale, et de les faire s'accoupler jusqu'à ce qu'il y ait grossesse, en s'assurant bien qu'aucun autre « mâle entier » n'ait accès à la femme hémiovarictomisée.

Si de tels écrits étaient tombés sous les yeux du chirurgien expérimental nazi Mengele, il les eût probablement mis en application. Mais il est probable qu'à l'heure actuelle encore, parmi la centaine de pays qui pratiquent officiellement la torture, certains y trouveraient de quoi raffiner leurs méthodes.

Le choix du sexe a toujours été et reste une idée fixe, une obsession. Françoise Loux récapitule quelques-unes des précautions observées dans ce but au XIXe siècle : pratiques particulières au moment du mariage, influence de l'enfant précédent sur l'enfant à venir, phase de la lune au moment de la conception... Toutes ces coutumes et les axiomes traditionnels évoqués précédemment ont toujours prévalu dans le monde rural, ce qui explique qu'on y insiste dans ce chapitre.

En Haute Bretagne, « quand une mère donne son nom à un enfant, elle n'en aura plus d'autre du même sexe ». Le sens et le choix du prénom ne sont ainsi pas indifférents. En Lorraine, le fait de donner son propre nom à un enfant risque de nuire à la durée de sa vie.

Dans ce choix du sexe, l'alimentation a toujours été et reste un sujet de préoccupation majeure. A titre d'exemple, Françoise Loux indique que si une femme enceinte boit un fond de bouteille de vin, elle aura une fille, alors que si le père mange une cervelle de mouton ou de bœuf, il aura un garçon.

Sous prétexte qu'en épidémiologie animale, on a

statistiquement remarqué que le sexe de l'animal nouveau-né avait un rapport avec l'alimentation de la femelle gestante, certains obstétriciens (dont l'un travaille dans le même hôpital que moi) ont promis à leurs patientes de pouvoir choisir avec succès le sexe de leur enfant en fonction d'un régime approprié commençant avant même le début de la grossesse. Bien qu'il n'y ait pour l'espèce humaine aucune preuve de l'efficacité de telles propositions diététiques, nombreuses sont les patientes à la consultation de ces médecins diseurs de bonne aventure.

Une de mes parentes très proches, qui avait déjà trois garçons, a scrupuleusement suivi ce régime en dépit de mes objections scientifiques. Elle a eu un quatrième garçon. Si elle avait eu une fille (une chance sur deux), elle en aurait sûrement rendu responsable son régime spécial et son médecin. Ainsi, même dans les milieux éduqués et évolués, les croyances populaires traditionnelles subsistent et, comme toujours, trouvent leurs racines en milieu rural.

C'est aussi pour lutter contre cette dépendance vis-à-vis de croyances ou de superstitions traditionnelles que les femmes du milieu rural ont récemment pris leur destin en main. Notre information sur ce milieu date de quelques années. Nous avons déjà signalé comment Françoise de Boissieu a convoqué les diverses organisations paysannes et agricoles dans le cadre de notre comité périnatal du ministère de la Santé. Le travail s'est depuis lors concrétisé sous la forme d'un rapport « Périnatalité en milieu rural » du Conseil supérieur de l'information sexuelle, de la régulation des naissances et de l'Education familiale.

KA HUA O'O KA PU'AO
(Le fruit de la matrice)

S'il n'est pas possible de passer ici en revue tous les rites de l'accouchement (en particulier celui de la position accroupie en vigueur depuis des millénaires en Amazonie et chez les Indiens d'Amérique du Sud), il nous a paru intéressant de rapporter quelques coutumes traditionnelles qui accompagnaient par le passé la grossesse et l'accouchement dans les îles Hawaï.

Une sorte de sorcier dénommé Kahuma présidait aux actes médicaux. Il avait, entre autres, recours à la médecine par les plantes (qui revient à l'ordre du jour grâce aux ouvrages du professeur J.-M. Pelt). Deux cents de ces herbes étaient en usage et semblaient relativement efficaces.

L'absence supposée de maladies vénériennes mérite d'être rapportée. Les femmes hawaïennes avaient coutume de se baigner dans les étangs, les rivières ou la mer au moins trois fois par jour.

Au moment de la période menstruelle, elles étaient « *kapu* », c'est-à-dire isolées des autres femmes et de leurs familles dans une maison spéciale où on leur apportait leur nourriture. En cours de voyage, elles étaient aussi séparées et portaient des feuilles autour des hanches afin d'être « reconnues » comme étant en période menstruelle.

Les familles comportaient de 10 à 12 enfants et les actes sexuels se passaient ouvertement en famille dans la pièce commune, si bien qu'il n'y avait, de ce côté, même vis-à-vis des jeunes ou des enfants, aucun tabou.

27

En cas de stérilité, toutes sortes d'herbes étaient utilisées. Mais si la femme restait stérile, elle était *autorisée* à prendre un autre partenaire que son époux.

Pendant la grossesse, les femmes de haut rang vivaient retirées, mais les femmes du peuple vivaient comme à l'accoutumée et se livraient à leur activité sexuelle normale jusqu'à 7 mois, après quoi le poids de l'homme était considéré comme trop lourd et on jugeait qu'il y avait risque de trauma-tisme pour le fœtus.

Pendant l'accouchement, la femme ne pleurait ni ne criait. Elle avait toute sa famille présente à ses côtés, se sentait très entourée.

Le « *piko* », ou nombril de l'enfant, avait une valeur symbolique. Il représentait la lignée, était emblème de fertilité, de descendance à venir.

Après l'accouchement, la femme était autorisée à manger du porc, seule circonstance où cet aliment lui était permis.

Il n'y avait pas en principe de dépression de la femme après la naissance, comme il est si fréquent d'en voir en Occident.

L'enfant portait quatre noms, le dernier pouvant être « dégoûtant » si la femme avait perdu des enfants antérieurement — afin de conjurer le mau-vais sort.

Les enfants étaient nourris au sein jusqu'à deux ans. A deux ans, on procédait à la cérémonie du sevrage.

L'infanticide, si commun en Polynésie, n'existait pas à Hawaï.

Les enfants malformés étaient rendus aux torrents — ou à l'Océan et à ses requins dans le cas où la divinité familiale était le dieu de l'Océan. Autrement, ils étaient confiés à la famille et faisaient l'objet de soins attentifs.

L'enfant était dans l'ensemble l'objet d'une protection spéciale, comme membre de l'Ohana, pour être défendu contre les mauvais esprits.

Ces traditions et rites eurent cours pendant des siècles, mais tendirent à disparaître avec l'irruption des Occidentaux.

II

Femmes en milieu rural

Nulles n'étaient mieux qualifiées pour fournir des références à ce chapitre que les femmes mêmes qui vivent à la campagne et les femmes médecins qui exercent au milieu d'elles. Nous leur sommes redevables de la plupart des informations qui suivent.

Qui sont ces femmes, que font-elles comme travail, quelle est leur catégorie socio-professionnelle, quelles sont leurs conditions de vie ?

D'après les données du dernier recensement :

— Sur 7 108 000 femmes rurales, 1 800 000 sont « actives » (selon la définition de l'I.N.S.E.E.) et 1 700 000 sont ménagères (femmes au foyer).

— Entre 17 ans et 64 ans, une femme sur 4 est « active » et 3 femmes sur 4 vivent à la maison.

— En milieu rural, il y a moins de femmes « actives » que dans l'ensemble de la population française (33 % contre 38 %).

— Le fait qu'il y ait plus de femmes au foyer en milieu rural s'explique ainsi :

● Les femmes ont plus de difficultés à trouver du travail à la campagne à proximité de leur lieu d'habitation ;

● Elles ont souvent des difficultés à faire garder leurs enfants, car il existe très peu de crèches ou de garderies en milieu rural, aussi ne peuvent-elles s'absenter pour aller travailler si elles ont des enfants en bas âge.

Je cite ici un passage frappant de l'*Agricultrice* : « Ma mère a accouché... Nous attendions derrière la porte. Mais le lendemain tout était rentré dans l'ordre. Bébé dormait paisiblement et maman était déjà à l'étable. Les femmes ne s'arrêtaient que le jour de leur accouchement et, dès le jour suivant, elles étaient sur pied. Je n'ai jamais vu ma mère couchée... »

Ce tableau est encore d'actualité. La différence vient qu'au lieu de subir, les agricultrices et autres femmes du milieu rural ont pris désormais leur destin en main, sans lamentations ni récriminations, en faisant preuve de leur sens de la mesure et de l'organisation.

La catégorie des professions libérales et des cadres supérieurs est seulement féminisée à 22 % (si 44 % des professeurs sont de sexe féminin, 3,4 % seulement des ingénieurs sont des femmes).

Parmi les ouvriers, on compte seulement 21,5 % de femmes en milieu rural, ce qui est peu par rapport au pourcentage de femmes dans le monde ouvrier en milieu urbain, et on ne trouve que 11,7 % de salariés agricoles qui soient des femmes.

Les agricultrices, femmes d'exploitants ou aides familiales, représentent la part la plus importante des femmes « actives » en milieu rural (27 %). Leur métier, mal connu, est à bien des égards spécifique : il présente certes des avantages enviables pour de nombreuses citadines : la femme habite avec son mari sur leur lieu de travail, concilie son activité et sa vie de famille, est en contact quotidien avec la nature. Elle n'a pas de trajet à faire chaque matin, ses horaires sont souples, imposés par elle seule, elle organise son travail comme elle l'entend. Sa liberté et la qualité de son travail sont aujourd'hui accrues par les progrès techniques et la mécanisation. Mais cette vision optimiste de la profession ne saurait faire oublier les handicaps importants de cette forme d'activité.

Le premier à être signalé par les agricultrices interrogées est lié aux conditions socio-économiques actuelles des agriculteurs, à la baisse progressive de leurs revenus, à leur endettement lié aux investissements obligatoires dans le système économique d'aujourd'hui. L'aménagement de la maison, le confort de l'habitat est sacrifié à l'achat de machines, à la modernisation de la ferme. Il en est de même de la satisfaction des désirs personnels : habillement, loisirs... Contrairement à ce que l'on aurait pu penser, le modernisme, au lieu de soulager les paysans et leurs femmes, les conduit au contraire à augmenter leur temps de travail, en supprimant le repos du dimanche, afin de rentabiliser l'exploitation.

Paradoxalement, on voit ainsi se reproduire la situation du début du siècle dont j'ai aussi été le témoin pendant mon enfance : « Le dimanche est le privilège des hommes, mais ce jour-là nous ne sortons jamais » (L'*Agricultrice*).

Si l'unité du lieu domestique et professionnel présente des avantages pour les femmes, il semble qu'œuvrer sans cesse de l'un à l'autre augmente leur fatigue. Par une parcellisation de ses tâches de 1/2 heure en 1/2 heure, consacrant son temps tantôt aux animaux, tantôt à la cuisine, aux enfants, au jardin, au ménage, aux travaux des champs, à la comptabilité de l'exploitation, la femme agricultrice accumule tout au long du jour les causes d'épuisement physique et mental.

L'éventail d'activités varie selon le type d'exploitation (élevage, céréales, viticulture...) et le mode d'exploitation (exploitation familiale ou regroupement agricole d'exploitation en commun). Dans ce dernier cas, le repos, les week-ends ou les vacances sont possibles, chacun les prenant à tour de rôle, une ou deux personnes étant toujours présentes pour travailler sur l'exploitation. Mais plus nombreuses sont les petites exploitations familiales où l'agricultrice, co-exploitante, est l'aide de son mari (dans la plupart des cas, c'est l'épouse du chef d'exploitation), travaille sans salaire, ne dispose pas d'argent personnel. Sa profession est souvent déconsidérée, car elle n'a pas de statut juridique, social et économique réel.

Il convient aussi d'évoquer les cas de cohabitation de plusieurs générations. C'est à la campagne que l'on trouve les dernières grandes cellules familiales, car il est fréquent qu'un fils reprenne l'exploitation familiale et travaille avec ses parents. La femme continue parfois de travailler « à la ville » et laisse alors ses enfants à la garde de leur grand-mère. Mais le fait de vivre avec parents ou beaux-parents pose souvent des problèmes au jeune couple. On retrouve là encore une situation de longue date que décrit avec alacrité l'*Agricultrice* dans un chapitre intitulé « Une dure cohabitation » : « Cette situation a duré deux ans et demi. Si une solution ne s'était pas trouvée, j'aurais loué une caravane, planté une tente dans un pré... » Cette cohabitation de deux générations est encore imposée pour des raisons économiques dans le Massif central, et en Alsace où elle s'inscrit dans les traditions familiales.

Les salariés agricoles sont les grands méconnus de l'agriculture. Peu nombreux aujourd'hui (270 000), leurs revenus et leurs conditions de vie en font les plus défavorisés de notre société. Le plus souvent, ils sont non qualifiés professionnellement, peu instruits et plus dépendants de leur employeur qu'un ouvrier d'usine. Leur durée hebdomadaire moyenne de travail était en 1975 de 49 heures (soit la plus longue durée de travail pour les salariés) et leur salaire figurait au bas de l'échelle à un taux inférieur au salaire moyen des manœuvres. Leur niveau de vie (alimentation, habillement, habitation, hygiène et soins, transports et télécommunications, culture et loisirs) en fait une des catégories sociales les plus dépourvues et les moins protégées.

Les « femmes rurales sédentaires » vivent dans des secteurs ruraux isolés, peu peuplés, mal desservis par les transports en commun. L'isolement des femmes y est plus grand encore si elles ne possèdent pas de voiture et si elles ont un travail sur place, éloigné du centre urbain. Elles fourniront, à l'évidence, un groupe de « grossesses à risques ». Leur isolement est à la fois géographique, moral et culturel. Il est d'autant plus important que la région est montagneuse : nous reviendrons d'ailleurs sur ce problème des femmes de la montagne, étudié par le C.A.R.E.P.S. Difficilement accessibles, ce sont des régions au climat rude, à l'habitat éparpillé, manquant d'équipements collectifs. Cet isolement explique le retard et la difficulté du passage de l'information en milieu rural, la méfiance vis-à-vis de ce qui est nouveau, la persistance de certaines croyances et de certains préjugés. Plus les choses sont mystérieuses ou inexplicables, plus elles attirent : c'est dans les campagnes les plus retirées qu'abondent guérisseurs de toutes sortes. C'est dans ces régions qu'ont encore cours les mystifications traditionnelles et les « inventions » citées par Gélis et par F. Loux.

Malgré un certain développement culturel, l'information des masses rurales et leur adaptation aux progrès quotidiens restent inférieures à celles de la population urbaine. La population rurale dans son ensemble est encore méfiante vis-à-vis des progrès techniques.

Certaines femmes rurales travaillent cependant en ville. Elles ont une vie assez proche de celle des femmes vivant en milieu urbain. Leur profession les oblige à s'y insérer : elles sont employées de bureau, souvent cadres moyens (institutrices, infirmières) ou cadres supérieurs (professeurs). Leur lieu de travail remplace le village en temps que lieu social. Pour elles, les rencontres et les relations humaines sont généralement plus faciles et plus fréquentes, et il semble que l'information les atteigne mieux que les femmes « sédentaires ». Elles ne rentrent généralement que le soir, afin de limiter les trajets quotidiens entre leur domicile et leur lieu de travail. Ces voyages sont souvent longs et fatigants et constituent une cause potentielle importante d'accouchements prématurés.

Il est démontré qu'en France, lorsque la densité de la population est inférieure à 10 habitants au km^2, l'espace rural est en voie d'abandon et se dégrade vite, car la « rentabilité » des services collectifs y devient trop incertaine. Certaines régions rurales peu peuplées sont ainsi défavorisées et manquent d'équipements pour le traitement et l'évacuation des eaux usées, le ramassage des ordures, le raccordement au réseau téléphonique... De nombreux villages ne sont plus reliés à la ville. La voiture devient alors indispensable. Le manque de structures d'accueil de la petite enfance est criant. Haltes-garderies ou crèches sont souvent inexistantes. Dans le domaine de la préscolarisation, les zones rurales sont très défavorisées par rapport aux villes : les maternelles y restent encore rares. On peut enfin constater des inégalités flagrantes dans la scolarisation des enfants ruraux et leur préparation à leur future activité professionnelle.

Le temps des loisirs est souvent réduit à celui passé devant la télévision. C'est le seul terrain d'égalité avec la ville : ce piètre moyen d'information et d'éducation est tout autant devenu le passe-temps facile et abrutissant des citadins.

Mmes Dromer et Mouzay, des associations rurales et d'agricultrices, nous ont apporté d'autres informations précises sur la vie des femmes en milieu rural.

Les courses ont pris une place importante dans la vie des femmes. Les commerçants se déplaçant à domicile n'existent presque plus. Le rythme des courses, le lieu où elles s'effectuent sont fonction de l'éloignement de la ferme, mais surtout de la détention d'un véhicule et du permis de conduire. Il y a une grande différence entre les villages à dominante agricole et les villages urbanisés, et souvent dans un sens inattendu : ainsi, dans un village ariégeois isolé, 81 % des femmes interrogées n'ont pas le permis de conduire, alors que dans un village briard, 87 % en disposent. Qu'elles les fassent seules ou accompagnées de leur mari, pour ces femmes, les achats restent une assez lourde tâche qu'elles accomplissent le plus souvent dans une grande surface, l'exploitation agricole moderne s'étant de plus en plus éloignée de l'autoconsommation ancestrale.

Cependant, une autre tâche « domestique et professionnelle » incombe pour l'essentiel aux femmes et connaît un renouveau : c'est *le jardinage.* Activité traditionnellement féminine, elle paraissait en très nette régression, mais il semble qu'on assiste à sa résurrection, tenant sans doute au désir d'obtenir des produits de meilleure qualité, à meilleur coût, ainsi qu'à la campagne d'information des « groupements de développement » sur les avantages de l'autoconsommation à la ferme pour accroître son revenu (90 % des femmes interrogées ont un potager — d'à peine 20 ares en moyenne — et 70 % y travaillent beaucoup). S'il y a cohabitation — donc si la mère ou la belle-mère accomplit certaines tâches à la maison —, le temps consacré au jardinage peut aller jusqu'à 1/5e du temps dévolu au travail agricole.

Pour le *travail domestique,* l'attitude est très conservatrice : les femmes ne songent pas à partager ces tâches avec les hommes. A une question provocatrice : « Ça ne vous intéresserait pas de partager ces tâches ? », 34 % des femmes de moins de 40 ans, dans un village agricole, ont répondu « non ». Cette réaction ne semble pas liée au niveau de formation, plutôt à un héritage de traditions (en Alsace, par exemple).

Le *travail agricole* se différencie nettement selon qu'il est consacré aux productions animales ou végétales.

Les femmes sont présentes dans la production

végétale, mais en moindre proportion dans certaines activités comme l'épandage du fumier, le semis des céréales, la fertilisation et les traitements. En fait, ce sont les contraintes du système de production et les traditions locales qui y déterminent le rôle de la femme. La mécanisation poussée semble diminuer la participation des femmes dans les villages urbains, mais l'accroître pour la fenaison et la moisson, donc pour des tâches fatigantes, ainsi que pour toutes les activités maraîchères et fruitières dans les villages concernés (dans le cadre de travaux collectifs effectués en chantiers).

La surface de l'exploitation moyenne (de 20 à 29 ha) voit croître la collaboration des femmes à certaines tâches : plantation et repiquage, taille et traitement. D'une manière générale, selon le système de production, les cultures spéciales ou permanentes et la polyproduction requièrent une main-d'œuvre féminine en villages agraires ou urbanisés. Ce phénomène s'accentue quand les maris exercent une double activité, ou si la cohabitation libère les femmes de certaines tâches domestiques.

Ainsi, même dans les exploitations à production végétale, les femmes accomplissent des tâches nombreuses et y consacrent un temps très important.

La production animale revient traditionnellement aux femmes. Elles ont gardé la charge des porcs, des volailles, des vaches laitières. En revanche, les moutons et les chèvres sont le plus souvent élevés par les hommes. Raison du maintien de ces tâches dans l'activité des femmes : leur assiduité, la minutie et la répétitivité dont elles ont l'habitude dans leurs travaux domestiques. Mais l'enquête confirme que, dans la production animale, les tâches les plus techniques et les plus mécanisées reviennent aux hommes.

En fait, aujourd'hui, dans les deux types de villages, l'alimentation, la vaisselle, le nettoyage de la salle de traite, la traite elle-même reviennent plus spécifiquement aux femmes. En revanche, si elles continuent à faire l'élevage des porcs et de la volaille en petites unités, les grands ateliers sont plutôt réservés aux hommes.

Les femmes sont souvent exclues des soins vétérinaires, accomplis par les hommes.

L'ampleur des tâches et des responsabilités des femmes est fonction de leur temps disponible, notamment pour l'élevage : 5 heures est le seuil qui leur permet de contrôler l'ensemble des opérations.

Il faut prêter un œil très attentif à ces informations, dans la perspective d'une meilleure protection maternelle et infantile, car il s'agit là de tâches qui peuvent avoir une très grosse influence sur les risques d'accouchements prématurés. Ainsi, dans les villages agricoles, il subsiste encore des tâches très pénibles dévolues aux femmes, par exemple quand l'eau n'est pas distribuée automatiquement aux animaux.

Lorsqu'il y a une très grosse augmentation du troupeau ou que l'exploitation se développe, on assiste à davantage de coopération et d'alternance entre le travail du mari et celui de la femme. Le couple représente alors l'unité de travail, souvent la seule.

La participation des femmes à la gestion s'accroît. C'est, pour elles, un moyen de mieux comprendre l'évolution de l'exploitation. La comptabilité est malheureusement effectuée à un niveau très simplifié ; une comptabilité plus élaborée est tenue par des centres de gestion.

Plus de la moitié des femmes se déclarent prêtes,

en cas de disparition ou de maladie du mari, à prendre la tête de l'exploitation. C'est un travail qu'elles acceptent et auquel elles s'intéressent manifestement.

En fait, le partage des tâches entre hommes et femmes est le plus souvent fondé sur des nécessités économiques, quelquefois encore sur la tradition, parfois selon des critères de force physique, jamais en fonction de problèmes de santé.

J'ai pu me rendre compte des problèmes médicaux périnataux en milieu rural grâce à la convocation par Françoise de Boissieu, au comité périnatal que je présidais au ministère de la Santé, des différentes représentantes des associations du milieu rural et agricole. De 1979 à 1981, l'essentiel de notre activité s'est cristallisé sur ces problèmes, sans pourtant déboucher sur des solutions concrètes, le gouvernement ayant mis fin à cette activité, paralysant ainsi nos efforts communs pour donner aux Françaises de la campagne une meilleure chance de naissances sans risques.

J'ai néanmoins conservé avec ces milieux ruraux des relations privilégiées et nous continuons, au cours de réunions officieuses, à travailler ensemble, en particulier avec le Centre national des Jeunes Agriculteurs, les Associations familiales agricoles, le Crédit Agricole, etc. Je note au passage qu'il ne s'agit pas là d'associations marquées à gauche ou à droite, et je vois là l'occasion de souligner qu'en médecine, ce genre de clivage relève le plus souvent du nonsens, voire de l'absurdité. Pour moi, je ne puis que me réjouir d'avoir rencontré, pour la rigueur et l'exactitude de mon information, toutes ces personnes motivées, sérieuses, sans récriminations. Le fait qu'elles soient pour certaines plutôt affiliées à la F.N.S.E.A. [1] (conservatrice, plutôt dans l'opposition) ne me gêne nullement : elles n'ont jamais, en tout cas, assorti leurs revendications de partis pris politiques et je n'ai eu qu'à me féliciter de ne pas trouver parmi elles un quelconque Krasucki, uniquement occupé à placer ses billes cégétistes dans les entreprises, quand il n'est pas en train, comme ses acolytes, d'approuver l'esclavage polonais ou le massacre des Afghans...

Nous nous appuierons également, dans ces pages sur la périnatalité en milieu rural, sur trois excellents ouvrages qui ont pour auteurs trois femmes médecins : d'E. Delmas-Latour, *Coordination des structures de santé dans le département du Lot* (Journées nationales de Néonatalogie, 1981, in « Progrès en Néonatalogie », Karger, éditeur, 1981) ; de Denise Bittner, *Grossesse et naissance en milieu rural* (Thèse à Nancy, canton vosgien, 1982) ; et de Françoise Simon-Jean, *Contribution d'une maternité rurale au progrès de la périnatalité* (Thèse à Marseille, 1982). A ces ouvrages clés s'ajoute une thèse soutenue à Nancy sur la sage-femme à domicile, de Mme Dubuit, sur laquelle nous reviendrons.

Nous avons également entendu un médecin généraliste rural de Bligny-sur-Ouche (Côte-d'Or) : celui-ci valorisait vraiment sa profession. Il nous a décrit avec soin l'environnement social et de travail dans lequel se déroulaient grossesses et accouchements. Il suivait les femmes enceintes en vrai médecin de famille (comme l'est et le restera au fond tout généraliste rural), mais les dirigeait sur la ville

1. Fédération Nationale des Sociétés d'Exploitants Agricoles.

voisine, dans un service d'obstétrique, dès qu'apparaissait le moindre indice de complications.

Par contre, un autre médecin rural entendu par notre groupe rentrait plutôt, lui, dans la catégorie des médecins poujadistes... Installé dans une petite ville de province qui donna naissance au XVIIIe siècle à un célèbre naturaliste, il passait son temps à se plaindre des organismes d'Etat en qui il ne voyait que des concurrents : les Services de protection maternelle et infantile, ouverts librement aux paysannes du voisinage, faisaient pour lui double emploi avec la médecine dispensée par les généralistes. Nous devions néanmoins apprendre que la femme de ce médecin animait, dans cette localité, une petite clinique privée d'accouchement... Cet exemple fâcheux illustre l'une des plaies du système médical français : l'hostilité entre secteur privé et secteur public, qui pourraient pourtant toujours coexister et se compléter, ainsi que nous en avons souvent fait l'expérience.

Un peu partout, dans le corps médical, se distinguent ainsi ceux qui font leur métier avec conscience et probité, et ceux qui n'y trouvent qu'occasion de carrière, d'ambition locale et appât du gain. L'actuelle politique n'a fait qu'aggraver ces divergences que seule pourra sans doute faire évoluer une modification de la formation des généralistes.

Les structures de soins en milieu rural pour la surveillance de la grossesse et de l'accouchement sont maigres. Le réseau des généralistes en constitue toujours l'essentiel. De très bonnes études sur l'insuffisance des soins en milieu rural émanent des associations d'agricultrices et de documents de travail élaborés par des médecins (cf. la thèse du docteur Denise Bittner). La distance du domicile du médecin s'amenuise cependant avec l'installation de jeunes praticiens dans les bourgs peu peuplés. On veut espérer qu'il n'y aura bientôt plus dans notre pays de régions sous-médicalisées, même en milieu rural.

Par la connaissance du milieu dans lequel il exerce — connaissance économique, sociologique, géographique, ethnique — le médecin est sans nul doute, en théorie, l'un des mieux placés pour comprendre les réactions et les jugements, la psychologie des habitants (c'est ce que nous aura si bien montré notre généraliste de Bligny-sur-Ouche). En milieu rural, il est, plus qu'en ville, le médecin de famille auquel chacun accorde sa confiance. Souvent, il participe à la gestion de la commune, aux activités du village et, par là même, il peut avoir une action de prévention, de santé publique et d'éducation sanitaire.

Cependant, si la qualité des médecins généralistes ne fait plus guère problème, l'absence de formation des jeunes médecins en gynécologie obstétrique en est un, puisque seulement *un étudiant sur dix* a fait pendant ses études un stage dans un service de gynécologie obstétrique (ce n'est pas moi qui le dis : incroyable mais vrai !)

Quant aux services de protection maternelle et infantile, dont un des buts est de « sauvegarder la santé de la femme au cours de la grossesse et de lui permettre d'accoucher normalement d'enfants sains », les femmes rurales y ont encore relativement peu recours.

La sage-femme visiteuse est, avec le médecin rural, garante de la surveillance de la grossesse et de la prévention de la prématurité (voir à ce sujet l'excellente thèse de Mme Dubuit) : « Cette sage-femme a à la fois un rôle de conseil médical et un rôle social. Elle peut renseigner les femmes enceintes à propos d'examens médicaux, leur donner des conseils d'hygiène, des informations diverses, les sécuriser pour l'accouchement à venir et collaborer en même temps avec l'équipe sociale du secteur, l'assistante sociale, la puéricultrice, la travailleuse familiale... »

Elle doit être aussi la « relation vivante » entre la femme enceinte, le médecin traitant et la maternité. Elle doit s'occuper de la contraception et du planning. Dans certaines régions, ces sages-femmes visiteuses sont encore en nombre insuffisant, leur travail est souvent difficile à organiser, d'autant qu'il n'y a pas toujours coopération, loin de là, avec les médecins traitants et les maternités.

Parfois même, il n'existe pas de postes de ce genre, alors que ces sages-femmes peuvent, malgré l'éloignement des centres de soins, du spécialiste gynécologue, dispenser des cours de préparation à l'accouchement.

Ces visites à domicile pour la surveillance des femmes enceintes présentent pourtant un très grand intérêt pour les femmes résidant à la campagne quand celles-ci ont des difficultés de déplacement ou qu'elles présentent un risque d'accouchement prématuré qui ne peut être qu'aggravé par des transports trop fréquents sur des routes cahoteuses, voire impraticables en hiver.

La sage-femme ou la puéricultrice est encore absolument nécessaire lorsque ces campagnardes rentrent chez elles après un accouchement en ville, pour reprendre immédiatement un travail exténuant.

Aujourd'hui, les petites maternités rurales ne devraient plus exister. Elles ont été fermées dès lors qu'elles ne correspondaient pas aux normes de sécurité fixées dans le décret n° 72162 du 21 février 1972. En principe, tout établissement d'accouchement doit comporter un minimum de 25 lits (ou de 15 s'il s'agit d'une section « maternité » dans un établissement hospitalier), une salle d'opération, une unité de soins néonataux, ainsi qu'un personnel qualifié en nombre suffisant pour la pratique des accouchements et les soins aux nouveau-nés.

Rappelons ici, pour mémoire, la situation créée naguère par l'existence de pseudo-maternités que le journal *Le Monde*, dans un retentissant article, n'hésitait pas à présenter comme de « véritables coupe-gorge » :

> « *De véritables coupe-gorge.* » Si le trait est fortement grossi, il traduit néanmoins dans sa brutalité l'opinion de nombreux spécialistes de formation hospitalo-universitaire sur les petites maternités publiques actuellement en fonctionnement en France. Pour le professeur M. Delecour (Centre hospitalier régional de Lille), président du Collège national des gynécologues et obstétriciens, « *elles forment un gros point noir sur la carte de la gynécologie-obstétrique française* ». Un récent recensement a dénombré quarante et une petites maternités de moins de quinze lits, dont le mode de fonctionnement ne correspond pas, selon ces spécialistes, aux normes élémentaires de sécurité.
>
> Il est possible de brosser un rapide « portrait-robot » de telles maternités. Ces petites structures sont, en règle générale, situées dans des villes de faible population. Elles n'offrent aucune possibilité d'anesthésie. Aussi les extractions instrumentales,

quand elles sont nécessaires, y sont-elles pratiquées sans anesthésie générale. Aucun pédiatre n'est présent pour l'examen clinique du nouveau-né. Le médecin travaille « à la demande ». Il n'est ni spécialiste ni qualifié en gynécologie-obstétrique. Enfin, souligne le professeur Delecour, la sage-femme de garde n'est pas souvent sur place. Astreinte à une présence à son domicile, elle vient assurer la surveillance de l'accouchement sur appel.

Sans doute convient-il de ne pas pratiquer trop rapidement l'amalgame sur les cas des établissements qui sont en dessous du seuil de quinze lits. Rien, en particulier, ne permet d'assurer que les grosses maternités privées ou que les grands services spécialisés de gynécologie-obstétrique offrent toujours une sécurité absolue, ne serait-ce que parce que la qualité de l'accouchement dépend avant tout de la qualité de la surveillance de la grossesse.

En réalité, plus que le nombre de lits, c'est le nombre d'accouchements pratiqués chaque année qui est dans ce domaine le véritable critère. Or sur les quarante et une maternités recensées, la plupart ne pratiquent que quelques dizaines d'accouchements — parfois moins d'une cinquantaine chaque année. Au total, ces maternités accueillent environ six mille parturientes.

Peut-on invoquer les vertus de l'accouchement « *à échelle humaine* » ? Celles de la « *naissance naturelle* » ? L'avantage de ne pas avoir à s'éloigner du domicile familial ? Il ne s'agit en l'occurrence, estime le professeur Michel Tournaire (hôpital Saint-Vincent-de-Paul, Paris) que d'une « *illusion* ». Quels que soient les efforts consentis pour améliorer la qualité de la surveillance de la grossesse, il reste en effet, estime-t-il, une proportion incompressible de complications imprévisibles. Ainsi, une étude réalisée dans le service de gynécologie-obstétrique de l'hôpital Saint-Vincent-de-Paul auprès de cinq cents femmes enceintes, dont la grossesse avait été considérée en tout point normale jusqu'au début du travail, a permis de constater la survenue de vingt-cinq accidents de gravités diverses lors de l'accouchement.

Lorsque de tels accidents se produisent dans de petites maternités où les possibilités d'intervention chirurgicale ou de réanimation néo-natales sont inexistantes, il faut envisager le transfert vers d'autres centres. De plus, ces transferts se font souvent avec retard. « *C'est au niveau de ces petites maternités que se rencontrent les complications mortelles* « mère-enfant » *et les handicaps graves à la naissance. La situation logique est la fermeture de tels établissements. Lorsque les conditions géographiques imposent leur persistance, il faut essayer des regroupements en amorçant un fonctionnement correct* », affirme le professeur Delecour.

Il reste à expliquer pourquoi de telles mesures n'ont pas encore été prises. Situation qui paraît d'autant plus incompréhensible qu'en 1972, le secteur privé a été contraint par voie réglementaire à fermer un grand nombre de maternités jugées insuffisamment équipées.

Tout le monde s'accorde d'ailleurs aujourd'hui pour dire que c'est précisément cette mesure qui a été l'élément déterminant dans les progrès réalisés en matière de mortalité périnatale. L'application d'un décret paru au *Journal officiel* du 3 mars 1972, plus connu sous le nom de décret Dienesch, du nom de la secrétaire d'Etat à l'action sociale et à la réadaptation d'alors, a en effet entraîné la disparition de l'ensemble des petites maternités privées de moins de vingt-cinq lits (établissements autonomes) ou de moins de quinze lits (sections d'établissements médico-chirurgicaux)... »

En dépit de nos propres objurgations réitérées auprès des différents ministres de la Santé, rien n'a été fait depuis lors pour *interdire à 100 %* ces établissements dangereux.

En vérité, la sécurité recommande d'aller accoucher dans un bon hôpital de 2e catégorie ou dans un Centre Hospitalier Universitaire ou une bonne clinique privée (il y en a maintenant beaucoup qui sont correctement équipées). Un effort étonnant a été accompli dans ce sens par la maternité de Chambéry, modèle du genre où viennent se faire suivre tous les mois, pendant leur grossesse, les montagnardes des vallées reculées de la Tarentaise et de la Maurienne.

Arrivons-en ainsi pour finir à l'épineux problème de l'*accouchement à domicile* (0,4 à 0,5 % pour la France, plus fréquemment dans le Nord-Est et le Centre). Pour garder un ton mesuré, nous nous référerons d'abord à l'étude de Denise Bittner sur « Les accouchements à domicile par mode ou choix philosophique ou mystique ». Dans certaines régions (Ardèche, Hérault), ces accouchements à domicile semblent progresser. Ils concernent des marginaux, de nouveaux groupes d'écologistes, des agriculteurs ou éleveurs occasionnels qui ont souvent des conditions de vie précaires sur le plan de l'alimentation et de l'hygiène. Souvent, ces femmes refusent toute médicalisation de l'accouchement, et même les examens de grossesse.

Il existe des expériences d'accouchements à domicile médicalisés. Dans le même esprit de « dédramatisation » de la naissance, certaines femmes de la région de Montpellier peuvent ainsi accoucher à domicile, mais entourées de plus de sécurité. Une équipe artisanale libérale (l'équipe du docteur Griboul, qui comprend un accoucheur, des sages-fem-

mes, un kinésithérapeute, une infirmière, des ambu-
lanciers, etc.) propose aux femmes qui le désirent
d'accoucher chez elles. Les femmes doivent demeu-
rer à moins de 15 km de la clinique, être primipares
de moins de 30 ans, ou multipares de moins de
40 ans, accoucher après 37 semaines de gestation
spontanément en position normale, être sans antécédents médicaux ni obstétricaux, sans pathologie de la
grossesse prévisible (bassin rétréci, etc.), et avoir été
suivies une fois par mois par l'équipe chargée de
l'accouchement. Une ambulance équipée en oxy-
gène, couveuse, aspirateur de mucosités, reliée par
radio, permet le transfert de la mère ou de l'enfant
en cas de problème lors de l'accouchement ou après
celui-ci.

Cette expérience, intéressante certes, est attirante
pour certaines femmes qui peuvent ainsi accoucher
dans leur environnement familial en s'assurant malgré tout d'une surveillance et de la possibilité d'un
transfert, pour elle ou l'enfant, si celui-ci s'avère
nécessaire.

Quant à nous, nous n'hésiterons pas à *condamner
formellement* l'accouchement à domicile, même
dans un cas de médicalisation comme celui de
l'Hérault. *Un accouchement normal à terme peut,
sans que rien ne le laisse prévoir,* se terminer drama-
tiquement. C'est rare, mais cela existe. Si l'on n'a
pas repéré la souffrance fœtale par monitorage
systématique du cœur fœtal, si la souffrance du
fœtus est alors révélée, *une césarienne faite en quelques minutes, d'extrême urgence,* peut seule sauver le
cerveau ou la vie du fœtus. Les Hollandais l'ont si
bien compris que, malgré une mortalité périnatale
basse, il ont finalement renoncé à un système (60 %
d'accouchements à domicile par un généraliste

formé pendant deux ans à l'obstétrique, aidé d'une sage-femme et avec ambulance à la porte) où la sécurité n'était pas complètement assurée.

Hélas, le combat contre l'obscurantisme n'est pas terminé. A une époque où le savoir scientifique permet d'éviter le pire, il se trouve encore des « naturalistes », des « écologistes », des médecins « mystiques » ou en mal de clientèle, pour céder à la crédulité ou l'exploiter.

Je conseille aux premiers de se référer à ce qu'était la mortalité à la naissance il y a quelques décennies en France même, et ce qu'elle est encore dans le tiers monde, pour jauger la sécurité d'aujourd'hui. Une fois le malheur arrivé, il est trop tard : la révélation d'erreurs funestes ne ressuscite pas leurs victimes.

III

Une maternité
pas comme les autres

Mme le docteur Simon-Jean, après avoir rappelé
que Pertuis est une ville de 13 000 habitants située
au sud du Lubéron, à 18 km d'Aix-en-Provence et
60 km de Marseille, constate qu'elle travaille avec
les cantons de Cadenet et Pertuis, totalisant
24 000 habitants, où exercent 24 médecins généralistes. On note dans ces deux cantons une majorité
travaillant à l'exploitation de la vigne et des arbres
fruitiers sur les coteaux, et à la culture maraîchère
en plaine. Il y a, de plus, des commerçants et
quelques petites entreprises locales.

Le recrutement de la maternité est original : 60 %
des femmes accouchant à Pertuis habitent les cantons environnants, 40 % viennent de l'extérieur (Aix-
en-Provence et ses alentours, Manosque et quelques
provenances plus lointaines). Pour ces 16 à 18 lits
placés sous la surveillance de Mme le docteur Baret,
gynécologue accoucheur, il existe le personnel vaca-
taire suivant : un kinésithérapeute, une psychologue, un psychiatre, une conseillère conjugale, une
assistante sociale, un échographiste, un pédiatre,
l'anesthésiste de l'hôpital, la diététicienne de l'hôpital.

Depuis 1978, un effort marqué a porté sur la mensualisation de la visite prénatale. Celle-ci est effectuée :

— soit par un médecin généraliste seul, qui adresse la femme enceinte à l'hôpital au 9e mois avec un résumé du dossier ;

— soit à l'hôpital par le médecin accoucheur ou la sage-femme. Dans 90 % des cas, il y a plus de cinq visites et dans 50 % des cas, les femmes ont une visite mensuelle avec deux échographies, une à la 15e semaine et l'autre à la 35e semaine ;

— soit par un gynécologue obstétricien en consultation de ville (8 consultations par grossesse) ;

— soit en alternance avec le médecin généraliste, bon moyen de liaison entre le médecin traitant et le médecin accoucheur.

Nous avons voulu, avec ma collaboratrice le docteur Odile de Bethmann, nous rendre compte sur place de cet effort assez remarquable, et nous avons recueilli des témoignages que nous laissons ici sous leur forme brute en respectant le « vécu » et le « parler » de ces femmes.

Pertuis est une jolie localité située non loin de la Durance. Une sorte de miracle s'y est produit, assez unique en son genre : dans un petit établissement qu'il conviendrait d'agrandir, une équipe s'est mise au travail pour assurer en même temps la sécurité de la grossesse et un accueil chaleureux. Voilà qui nous paraît relativement rare aujourd'hui et qui, nous l'espérons, fera école.

Dans cette maternité convenablement équipée, à l'intérieur d'un petit centre hospitalier, un chef de service, jeune femme d'à peu près 35 ans, obstétricienne, venue de Strasbourg, fait régner avec son équipe une atmosphère assez exceptionnelle. Bien sûr, il n'y a au dernier inventaire que 20 lits, et ce modeste centre n'accomplit environ que 450 à 500 accouchements par an, ce qui est trop peu, mais on vient à Pertuis de tous les coins de Provence : de Nice, de Marseille — voire de plus loin : du Languedoc, du Nord, d'Alsace et même d'Allemagne. Pourquoi ? Parce qu'on sait que les choses ne s'y passent pas comme ailleurs.

D'une part, la sécurité est, pour un si petit centre, complètement et réellement assurée et d'une manière telle qu'elle pourrait paraître supérieure à celle qu'on rencontre dans certains hôpitaux de seconde catégorie. En particulier, l'échographie est systématique, le monitorage pendant l'accouchement est habituel, et même l'amnioscopie (méthode consistant à regarder le liquide amniotique qui doit, d'après sa couleur, renseigner sur la souffrance fœtale) y est pratiquée. Mais, afin de ne pas recouvrir toutes ces précautions de la lourde chappe d'un environnement que l'on appelle maintenant volontiers « surmédicalisant », toute cette équipe dotée d'une « âme » travaille à assurer aux femmes le plaisir de leur grossesse, de leur accouchement et de leur allaitement, et aussi à supprimer leur anxiété tout en leur garantissant de procéder à une césarienne urgente, dans le service de chirurgie qui jouxte le service d'obstétrique, s'il y a souffrance fœtale ou pour toute autre raison.

Les femmes sont bien accueillies et préparent sans contrainte leur accouchement dès le 3e mois si elles le veulent, ou plus tard. On les y invite, mais on ne les y force pas.

Nous avons passé une partie de l'après-midi à écouter des femmes qui avaient accouché là, et l'une d'entre elles, en particulier, a dit : « A mon premier accouchement, j'avais ressenti *comme une déchirure* ». Mais il s'agissait d'une déchirure par rapport à sa personne et au milieu extérieur, ce qui ne voulait pas du tout dire qu'elle avait été déchirée localement. Elle dit qu'au contraire, elle avait eu l'impression de s'être « ouverte au monde ». Elle en parlait vraiment bien, sans tout le fatras médical ni ce vocabulaire psycho-psychanalytique dont se pare, dans certains établissements, la libération du couple. En effet, si nous parlons ici du couple, c'est que le père était constamment présent, emmaillotait son enfant, assistait bien sûr à l'allaitement, etc. Il s'était déplacé en même temps pour quelques jours.

Dans un local attenant, il y a tout ce qu'il faut pour le « planning familial », pour assurer les interruptions volontaires de grossesse, avec des posters explicites au mur. Une atmosphère sérieuse, sympathique, chaleureuse, sans charité ostentatoire, bref, cette qualité rare en France : la simplicité.

Voici, par exemple, ce que nous déclare une mère :

« Moi, je dirais que c'est l'ambiance, et le mot qui me vient, c'est le mot *féminin :* je suis ici grâce à tout un réseau de gynécologues femmes qui vous adressent à un endroit où il y a d'autres femmes et où on est bien accueilli, bien reçu, bien écouté, et puis on peut parler, on peut discuter et c'est je crois l'essentiel que j'en retire : c'est le côté féminin, évidemment on peut mettre « maternel » derrière, on peut mettre tous les adjectifs, mais je me suis sentie bien, je me suis sentie en forme et pas malade, pas en état d'infériorité. J'ai paniqué un peu comme toutes les mères, sur la fin de l'accouchement, mais ce n'est pas honteux, c'était normal, et puis tout le monde était un peu inquiet avec moi : on partageait ensemble.

— C'est votre premier ?

— Non, c'est mon deuxième.

— Alors, par rapport à votre premier accouchement qui s'est passé ailleurs ?...

— J'ai choisi de venir ici et j'ai trouvé ce que j'étais venue chercher, j'en avais beaucoup parlé.

— Et l'autre fois, ça s'était passé comment ?

— Ça s'était passé médicalement très-très bien, mais très mal pour moi, je veux dire que c'était un accouchement normal, mais qui m'a laissé un souvenir affreux. Je me rappelle que ce n'était pas un bon souvenir, mais quand on est dans un hôpital, on n'ose rien dire, parce que le bébé est dans les mains de l'hôpital, je veux dire : ce n'est pas le vôtre tant que vous ne l'avez pas emmené. Je me rappelle que, pendant tous les cours de préparation à l'accouchement, je me remettais à pleurer comme si tous ces souvenirs remontaient, et puis c'était très-très difficile...

— Il n'est pas tellement rare d'entendre une mère parler comme vous. Alors, la douleur, par exemple ? Cette fois, évidemment, c'était le second accouchement, donc, de toute façon, on ne peut pas le comparer au premier, mais comment cela s'est-il passé pour vous ?

— Eh bien, écoutez, ici on enseignait une seule respiration, alors c'est déjà beaucoup plus facile. Au moins, une seule respiration, on ne la perd pas, et puis j'étais entourée : la sage-femme qui était de garde a été absolument adorable, et puis cela a tenu jusqu'au bout, c'était une respiration efficace, ça fait plaisir quand même ; parce que l'alternance des respirations, la première fois, ça n'avait rien donné.

Et puis, ici, si j'avais voulu « gueuler », j'aurais pu le faire, on ne m'aurait pas crié dessus...

— Vous avez bien dit que, la première fois, médicalement, ça s'était bien passé. Est-ce que vous aviez l'impression qu'ici, vous étiez quand même, vous et votre enfant, dans une sécurité pratiquement maximale ?

— Ah, totale, oui.

— Vous le saviez ?

— C'était dans un hôpital, pour moi ça ne posait pas de problème. J'avais visité les lieux avant. Non, du point de vue médical, je n'avais aucun souci ; par contre, c'est le reste qui était bien...

— Et pour l'allaitement, comment cela s'est-il passé ?

— Eh bien, je l'ai mis au sein dès qu'il est né, parce qu'il le cherchait, il est au sein depuis, et il se nourrit tout seul, et puis cela se passe très bien.

— En fait, dans la région, c'est rare qu'on puisse parler comme vous d'un établissement hospitalier de ce type.

— Ecoutez, moi, j'habite Aix, je travaille sur Marseille, dans un milieu de gens qui sont un peu au courant, qui se préoccupent de planning familial, de choses comme ça, et je sais que la maternité de Pertuis, elle est connue de tous les gens que je rencontre, qui ont mon âge et qui ont des enfants. C'est quelque chose de très connu.

— Est-ce qu'on a l'impression que, dans la région — et je vous interroge parce que vous n'êtes pas médecin, alors vous pouvez vous expliquer franchement — il y a des établissements qui font mal leur travail sur le plan de la sécurité, est-ce que cela se dit ou se sait ?

— Il y en a sans doute.

— Moi je le sais, je peux dire oui : parce que j'ai des enfants qui sont nés à Cavaillon. A Cavaillon, il existe une clinique privée...

— Quand je discute, avec des amis ou avec des gens que je connais, d'un endroit où accoucher, c'est soit les hôpitaux : alors il y a celui d'Aix, soit les maternités : celle de Pertuis et cette maternité de l'Etoile, à Aix. Bon, on parle de ces trois endroits comme étant bien, les « trucs » en dessous desquels il ne faut pas aller.

— Il y en a d'autres ?

— Il y en a d'autres, mais je ne les connais pas, je n'ai jamais entendu parler que de ces trois-là.

— Je trouve cela effroyable qu'en certains endroits on vous arrache votre enfant pour l'emmener dans une pièce à côté, et que vous ne sachiez plus ce qu'on lui fait. Quand, en plus, il s'agit d'enfants qui vont très mal et qu'on les transfère dans un service de soins intensifs, la mère n'a absolument pas vu son enfant, quelquefois elle ne le voit pas du tout. C'est un des gros problèmes auxquels on a à faire face, ce fait que la mère n'ait pas du tout ou presque pas vu son enfant à la naissance, qu'elle n'ait absolument pas compris ni su ce qu'on lui faisait...

— Même si ça va mal, elle a quand même le droit de le voir !

— C'est ce que nous autres, nous estimons dans notre service. Les parents rentrent tout de suite et voient ce que l'on fait à leur enfant. C'est un choix. Il y a aussi le revers de la médaille : moi, il m'est arrivé en consultation d'avoir deux pères (mais je n'en connais que deux qui m'aient parlé de cette façon) qui me dirent qu'ils regrettaient d'être entrés dans le service tout de suite, parce qu'ils n'arrivaient plus à enlever de leur mémoire cette espèce de vision de leur enfant avec des tuyaux absolument partout, et qui trouvaient cela extrêmement choquant et dur à supporter. Ils ne l'ont pas dit avec agressivité, mais ils m'ont dit qu'à la limite, ils auraient préféré ne pas voir leur enfant dans ces conditions-là, et attendre un peu qu'il ait été « extubé ». Il est vrai qu'il n'y en a eu que deux sur des centaines et des centaines... »

Je m'adresse ensuite aux membres de l'équipe :

— Le transport, surtout entre ici et Marseille, se passe-t-il dans de bonnes conditions ?

Le médecin : — Cela n'intéresse guère le chef du service d'anesthésie qui a la responsabilité du S.A.M.U., mais enfin, ça va mieux depuis qu'on a beaucoup râlé et qu'on fait des réunions entre les pédiatres et les obstétriciens.

— Je voudrais vous poser une question délicate, puisque vous recherchez la sécurité. Au Québec (région remarquablement organisée pour la périnatologie), quand on sait qu'une femme, par exemple, accouche très tôt, on préfère qu'elle soit transportée à l'endroit où son enfant va naître et être traité, plutôt que d'avoir à transporter l'enfant une fois né. Supposez une grossesse qui va se terminer par un accouchement prématuré : vous ne la faites pas transporter systématiquement à Aix ou à Marseille ?

Le médecin : — Cela arrive, en effet.

— Pouvez-vous, en tant que kinésithérapeute (ce n'est pas habituel d'avoir un kinésithérapeute dans une équipe de ce type), définir ce que vous faites ? Je crois que les rôles des personnes qui entourent la femme ici sont un peu interchangeables... Mais vous, votre rôle particulier est la préparation à l'accouchement...

Le kinésithérapeute : — On fait la préparation à l'accouchement avec la sage-femme. C'est-à-dire que dans un premier temps, il y a une discussion avec la sage-femme, la psychologue et quelquefois une puéricultrice. C'est une discussion, autrement dit il n'y a pas de cours magistral, les femmes parlent de ce dont elles ont envie de parler, elles posent les questions qu'elles ont envie de poser, ensuite il y a une partie de préparation physique à proprement parler, dont je m'occupe entièrement. Disons que la préparation, c'est aussi un travail global.

— Et votre préparation est issue d'une méthode spéciale ?

— Non, c'est plutôt un « pot-pourri ».

— Et puis, elle peut éventuellement s'adapter à telle ou à telle femme ?

— Oui, je vais vous donner un exemple. On ne va pas dire à une femme : il faut apprendre telle gymnastique spéciale pour accoucher. Il est plus simple qu'elle nous raconte ce qu'elle fait, par exemple si elle pratique le yoga, et nous lui disons : tel exercice que vous avez l'habitude de faire vous servira pour votre propre accouchement... C'est intéressant qu'elle puisse parler de sa pratique à elle et que sa grossesse s'inscrive dans son histoire ; puisqu'elle a déjà accompli la démarche du yoga, pourquoi irions-nous lui plaquer une technique propre à notre institution ? Je parle du yoga parce que c'est une pratique fréquente, mais d'autres font des préparations physiques différentes.

— Quelle est l'incidence de cette préparation sur la manière dont les douleurs sont ressenties ?

— Je crois que c'est vraiment très difficile à apprécier, parce qu'on n'a fait aucune statistique. Apprécier statistiquement la quantité de douleurs que la femme manifeste est difficile ; de plus, dans l'intensité de la douleur, la femme manifeste des choses qui sont très différentes par rapport au vécu, par rapport à quelque chose qui pourrait être objectif. On essaie de faire une préparation physique qui ne soit pas du tout une recherche de musculation, d'amplitude ligamentaire, etc. C'est une prise de conscience du corps, c'est connaître son corps de façon à ne pas être complètement dépassé par les événements quand il va se passer des choses très violentes et inconnues dans son corps. C'est-à-dire qu'on doit arriver à *gérer* ce qui est en train de se passer. C'est beaucoup plus ça, la préparation physique, que de faire des exercices sur le mode du 1, 2, 3, 4, 5... Cela ne peut donc que s'adapter à chaque femme, pour chacune c'est complètement différent.

— Est-ce une préparation individuelle ou collective ?

— Cela se passe en groupe.

— A l'intérieur d'un groupe, chaque femme peut être tout à fait différente ?

— Absolument, et chaque femme est invitée, après les exercices, à dire ce qu'elle a vécu en groupe. L'effectif du groupe varie selon le nombre de places. On ne souhaite pas avoir de groupes trop importants.

— Vous avez 5-6 personnes à la fois ?

— Le lundi, on en a quelquefois 12 ; disons qu'en moyenne, il y en a 6 ou 7.

— Et elles viennent dès le début ?

— Moi, j'aimerais qu'elles viennent très tôt ; il y en a qui viennent tôt et d'autres qui viennent tard.

— Les cours sont pris en charge ?

— Les six cours sont remboursés par la Sécurité

sociale ; à l'hôpital, elles peuvent venir cent fois, même, si elles en ont envie, gratuitement.

— Cela demande une très grande disponibilité de votre part.

— Je suis salarié à l'hôpital.

— Mais vous êtes à temps partiel, vous avez donc tous une activité privée ?

Le docteur Baret : — C'est intéressant aussi, parce qu'étant donné qu'il n'y a pas de crédits pour créer des postes à temps complet, cela montre qu'ici on a pu tant bien que mal s'accommoder du temps partiel.

— Oui, tant bien que mal... Je veux dire qu'au départ, ce n'était pas du tout évident... Comment s'est constituée votre équipe, là ?

Le docteur Baret : — Je dirai au hasard. Je veux dire que c'est un peu le jeu des rencontres, et puis les affinités personnelles, intellectuelles...

— Mais vous êtes arrivés là parce que vous aviez entendu parler de cet endroit ?

— Je crois que chacune a une histoire différente de son intégration à l'équipe. Moi, je faisais de la préparation à l'accouchement déjà à Marseille, « en libéral », pendant très peu de temps d'ailleurs, et puis j'ai entendu parler de ce qui se passait ici, je n'habitais pas loin et je suis venue.

Une interne : — J'ai été interne à Strasbourg, je me suis installée pas très loin d'Auxerre, et puis j'ai fait mon évolution personnelle, j'ai voulu revenir dans un hôpital clinique. Il y avait plein d'impossibilités apparentes. Tout nous semblait être tellement faux : j'ai eu envie de trouver, de faire autrement, dans un hôpital. Enfin, c'est peut-être un peu de la mégalomanie, je ne sais pas, mais voilà, je suis descendue. C'est sûr que tout a beaucoup changé.

— Il faut dire que Pertuis, ça veut dire « passage »... C'est le seul passage entre la montagne et la mer... Alors, tout était possible !

Une femme enceinte : — Moi, je suis berlinoise, je viens d'habiter à Gap depuis quelques mois seulement... J'avais déjà habité longtemps sur la côte d'Azur. On m'a parlé de Pertuis comme d'une possibilité d'accoucher un peu selon la méthode Leboyer, c'est pour cela que je suis venue. Et il y avait possibilité, si on voulait, d'allaiter l'enfant, et quand on a des problèmes, on prenait plus soin, ici, de la femme enceinte qu'à Gap par exemple. Voilà, c'est tout simple. J'ai une copine qui a accouché ici l'année dernière. J'étais suivie depuis trois mois seulement à Gap. Avant cela, j'étais encore à Berlin.

— Il y a une maternité à Gap ?

— Oui.

— Et vous veniez de Berlin-Ouest ?

— Oui, bien sûr, si c'était Berlin-Est, je ne pourrais pas être là ! Les gens de là-bas sont coincés...

— Je pensais qu'il y en avait qui s'échappaient de temps en temps ?

— S'échapper avec un gros ventre, ça ne doit pas être facile !

— Savez-vous que c'est à Berlin-Ouest que le professeur Sahling a le premier ponctionné les vaisseaux du cuir chevelu du fœtus pour savoir s'il y avait souffrance fœtale avant même que l'enfant ne soit sorti du ventre de sa mère ?

— Oui, je connais le nom de Sahling.

— A Berlin, on a assisté à une hypermédicalisation. Sahling y a créé toute une technique de pointe. Il est tout de même curieux de constater qu'une femme de Berlin-Ouest, patrie de l'hypertechnologie obstétricale, ait décidé de venir ici, à Pertuis, dans une petite maternité rurale simple...

— L'attente à l'hôpital du professeur Sahling, à Berlin-Ouest, c'est tellement long, même pour faire une amnioscopie, il faut s'y prendre deux ans à l'avance *(sic)*! Là, c'est le problème des grandes villes...

— Et ça ne se passait pas très bien, la manière dont vous étiez suivie à Gap?

— Non, personnellement, je n'aimais pas très bien : le docteur ne m'a pas assez renseignée, parce que je m'exprime mal, je ne parle pas assez bien le français. Ça finissait toujours par des difficultés...

— Vous n'étiez pas satisfaite, vous demandiez des renseignements et il ne vous répondait pas?

— Non, il ne m'écoutait pas et ne me disait rien.

— C'était en clinique privée ou à l'hôpital?

— Non, c'était à l'hôpital. Enfin, c'était un docteur privé qui travaille à temps partiel à la maternité.

— Et, du coup, vous allez accoucher ici.

— Oui, mais je serais venue tout de suite si j'avais su... On m'avait toujours conseillé d'aller à Pertuis plutôt que dans un autre hôpital de la région.

Une autre femme de la région : — J'ai bien trouvé Pertuis, vous voyez. J'habite à Aix. J'ai vécu du côté de Grasse pendant longtemps. Et puis...

L'Allemande : — Gap, c'est pas marrant comme endroit! Mais c'est là qu'on trouve le terrain le moins cher et des maisons encore à peu près payables. Je ne réside pas à Gap exactement, mais à Larragne...

— Larragne, oui, je connais très bien le coin. J'ai été longtemps dans un régiment qui occupait toute cette vallée, le 159e d'infanterie alpine. C'est un des départements les plus pauvres de France, avec son voisin les Alpes-de-Haute-Provence... A Gap, en somme, vous étiez apparemment satisfaite des soins mais vous n'avez pas eu une relation satisfaisante avec votre médecin accoucheur ?

— Si vous voulez, oui. »

La vie quotidienne à la maternité de Pertuis est ainsi décrite par le docteur Simon :

En salle d'accouchement :

— Pour chaque femme, le moment de son accouchement est unique, il restera gravé dans sa mémoire, nous essayons de ne pas le banaliser. La femme peut être entourée par qui elle désire : son conjoint, une ou deux femmes de sa famille, quelques amis. On recherche avec elle quelle sera la meilleure position pour son accouchement. Cela se fait dans le respect d'une technique médicale habituelle.

— Les gestes qui sont effectués à l'enfant, aussi bien les gestes de réanimation éventuels que les premiers soins, se font sous le regard des parents, car nous croyons à la nocivité du non-dit.

— Pour éviter que l'enfant ne se refroidisse sur le ventre de sa mère, un infrarouge chauffe à bonne distance au-dessus de la table d'accouchement. Le premier bain du bébé est donné près de la table d'accouchement par le père s'il le désire. Le bébé, apaisé dans une eau à 37° et par la semi-obscurité, ouvre alors les yeux. Ce moment de bien-être qui suit la naissance nous semble important, et nous avons pu ainsi vérifier les constatations de Monique Robin : « Il m'a semblé, à l'observation de ces moments d'échanges visuels, que le contact œil à œil dépassait le simple cadre de la fixation réciproque et constituait le moteur de ces interactions précoces où la mère, attentive et émue, fait connaissance avec l'enfant qu'elle vient de mettre au monde. Le regard du nouveau-né déclenche des conduites de recherche d'échanges où se mêlent les stimulations verbales, mimiques, tactiles et posturokinesthésiques, le tout constituant les modalités de la communication qui vont prendre une importance plus grande ultérieurement. »

Dans la nursery :

— Au début, les auxiliaires de puériculture programmaient la journée et s'occupaient de la toilette des bébés, de la préparation des biberons, du nettoyage des lits, les mères n'ayant pas accès à la nursery.

— Puis la nursery est devenue, à l'occasion des soins corporels de l'enfant, un lieu d'échange. Les bébés sont dans les chambres, les parents viennent dans la nursery commune, au centre du service, changer leur enfant quand ils le désirent. Les puéricultrices accompagnent les parents à la découverte de leur enfant sans se substituer à eux. C'est « l'école des parents ». Cette démarche est favorisée par la petite taille de notre service.

— Différents cliniciens américains (Klaus, Kennel, Karlson), et en France J. P. Leboyer, ont étudié le comportement d'attachement des mères envers leur enfant. Les résultats de leurs travaux suggèrent que les heures de contact mère-enfant, simplement au cours des trois premiers jours de la vie, affectent le comportement de façon durable. C'est dans une période très précoce, de courte durée, que se nouent peut-être des liens de qualité spéciale entre la mère et son enfant.

Le fait de prendre soin de son enfant, de le toucher, de le caresser, le contact « œil-œil », sont aussi importants pour la mère que pour l'enfant. Il faut :

— lutter contre les privations sensorielles et l'isolement :

- voix, parole, membrane tympanique ou autres possibilités ;
- toucher, massage, caresses. Etudier les positions du corps selon une gamme plus large ;
- problème des attaches : motricité, vécu corporel ;
- problème du non-habillement ;
- nécessité d'aménager une possibilité de repliement et d'extension ;
- olfaction, possibilité d'odeurs maternelles présentes dans la couveuse (partie de vêtement) ;
- vision : problème de décoration du plafond des couveuses ou de l'installation de mobiles derrière la vitre (lutte contre la fixation lumineuse...)

— lutter contre la coupure que peut représenter la séparation de la mère et de l'enfant :

- nécessité d'une visite au moins journalière de la mère ;
- importance de la création d'une chambre chaude ;
- aider la mère à toucher son enfant, à lui parler, à lui donner un bain si c'est possible ;
- essayer au maximum de faciliter les échanges entre mères (ayant eu des prématurés et les autres),

et s'appliquer à diminuer l'importance du phantasme de mort et du désir de mort dans tous les services de néonatologie.

Dans la même optique, les enfants de faible poids nécessitant un élevage simple sont gardés à la maternité ou reviennent précocement du service du docteur Coignet à Aix. La mère vient alors s'occuper de son enfant à la maternité et, progressivement, prend confiance avant le départ définitif.

Il faut noter la fréquence avec laquelle les couples reviennent pendant les quelques semaines qui suivent la naissance pour solliciter un conseil ou simplement parler avec le personnel de la nursery et les parents qui s'y trouvent.

Une puéricultrice de la D.D.A.S.S. (Direction départementale des Affaires sanitaires et sociales) intervient une fois par semaine à la nursery. Elle prend contact avec les mères à la maternité. Sa visite dans les familles en sera ensuite facilitée.

La transition entre un travail reposant essentiellement sur des gestes à faire et un travail qui tienne compte des relations soignants-soignés a demandé un effort inhabituel d'attention et de créativité à chaque membre de l'équipe. Il nécessite une démarche qui ne peut être que personnelle. Sa réalisation pratique est d'autant plus difficile dans un hôpital public du fait qu'elle passe par l'intermédiaire de l'administration.

Nous assistons enfin, dans le même hôpital, à la consultation du planning et des interruptions volontaires de grossesse :

Mme le docteur Baret : — Quand je suis arrivée ici, ce lieu était uniquement la salle d'attente pour les avortements faits par une gynécologue d'Aix qui venait une fois par semaine à Pertuis. Le médecin qui avait la charge de la maternité et cette gynécologue ne s'étaient jamais rencontrés. Et moi, pour symboliser la nécessité d'unifier tout cela, j'ai déplacé la consultation de maternité dans cette pièce qui est en fait la salle d'attente, puisque chaque fois qu'on parle de ce lieu, on évoque les I.V.G. Ce n'est pas encore entré dans les mœurs depuis quatre ans que je suis là. C'est aussi la consultation de gynéco et d'obstétrique qu'on a voulu réunifier avec ces différentes activités, ce qui me semble fondamental. Ces panneaux pour la préparation et les explications concernant la grossesse, on les a faits justement avec un groupe de parents qui préparaient l'accouchement, pour que les explications soient bien compréhensibles pour tout le monde, et pour qu'elles correspondent en même temps à une réalité technique et à une précision médicale. C'est par exemple le cas pour l'amnioscopie : les femmes enceintes voient vraiment ce qu'on va leur faire. Elles viennent à l'amnioscopie en sachant de quoi il s'agit.

— Tous ces posters que vous avez sur la contraception, le stérilet, l'ovulation, etc., l'expérience montre-t-elle que les gens se lèvent pour les lire ?

— Oui, les femmes en parlent entre elles. On estime que toute femme peut avoir besoin de parler d'elle, qu'elle vienne pour un avortement ou pour n'importe quel problème gynécologique. De ce fait, il n'y a pas d'entretien spécifique et obligatoire pour l'avortement. Il y en a à la demande, avec l'un d'entre nous, si la femme le souhaite, ou de toute façon avec la gynécologue lors de l'entrée dans le service.

— Vous avez pris ça sur vous, ça ne vous pose pas de problèmes avec les autorités et les règlements ?

— On ne l'a jamais dit de cette façon-là, on ne peut pas le dire ; nous ne faisons en fait rien d'illégal.

— Cela ne rime à rien de voir une psychologue pendant 1/2 heure pour discuter de la poursuite ou de l'interruption d'une grossesse. En fait, il s'agit là de dissuasion telle qu'elle est comprise dans la loi...

— Pour la décision d'avortement, il y a des gens qui viennent 5-6 fois avant de prendre leur résolution. Ils me voient, moi, de toute façon, et puis parfois la sage-femme ou la conseillère conjugale.

— Les internes ou stagiaires internés participent-ils aussi à vos activités ? Il me semble qu'il faut obliger les étudiants à faire un stage d'obstétrique pour qu'ils ne deviennent pas généralistes sans avoir jamais vu de femme enceinte, comme c'est le cas 8 à 9 fois sur 10.

— On a eu un autre système, parmi d'autres, qui a fonctionné le vendredi matin. Le vendredi matin, c'était la consultation sans rendez-vous, la consultation publique habituelle : quand il y a 15-20 personnes ici, tout le monde discute, et alors les femmes posent des questions, on répond, et ainsi de suite. Il y a eu aussi une période où on a fait des réunions pour les jeunes : sur la contraception, l'éducation sexuelle, etc.

— Nous avons aussi introduit chez nous à Port-Royal l'enseignement destiné aux lycées ; c'est Odile de Bethmann qui s'y est spécialisée. En fait, on avait pensé qu'il fallait commencer cela beaucoup plus tôt... Envisagez-vous sur place un rapport avec l'enseignement et les écoles ?

— Justement, on avait été contacté à un certain moment par des professeurs de C.E.S. pour intervenir à l'école auprès de leurs élèves. C'était jusqu'à la 3e, il n'y a qu'un C.E.S. ici.

— Il n'y a qu'un C.E.S., mais il y a bien des maternelles et des primaires ?

— Du côté des maternelles, il n'y a aucune demande. Notre principe, c'était de répondre seulement à des demandes. Encore faut-il qu'on connaisse notre existence. C'est pour cela qu'on va peut-être développer une meilleure information sur nos services. On était intervenu à la demande dans les C.E.S. où il y avait des rencontres très intéressantes avec les jeunes, pas spécialement sur l'éducation sexuelle d'ailleurs, mais sur la communication entre les jeunes et leurs parents...

— Comment organisiez-vous cet enseignement ?

— On faisait réunir les jeunes et ils étaient une centaine, puisqu'il y avait toutes les classes de 3e. On les divisait en sous-groupes pour discuter accouchement, contraception. En fait, on se répartissait entre les groupes, cela déviait très vite sur les relations entre jeunes et parents, la vie moderne, enfin des tas de sujets qu'on ne pensait pas devoir aborder, mais telle était la demande...

Mme F. J. Simon, dans sa thèse, décrit ainsi les relations extra-hospitalières à Pertuis :

« Nous avons essayé d'articuler le rôle de la maternité avec celui des autres institutions chargées de la prévention, c'est-à-dire essentiellement le C.P.E.F. et le secteur psychiatrique.

Le C.P.E.F. (Centre de Planification et d'Education familiale), lors de sa création, s'est posé la question de savoir si l'éducation familiale devait se dérouler dans un lieu à part, avec des consultations précises, ou bien à l'occasion des différentes activités du service, chaque geste technique comportant sa composante éducative. C'est ce deuxième aspect qui a été retenu dans le service. Le C.P.E.F. est composé du médecin chef de service, d'un psychologue, d'un psychiatre, d'une conseillère conjugale et d'une assistante sociale. Il fait le lien avec l'extérieur :

— il organise, dans le cadre de la prévention et de l'information, des réunions avec les parents concernant l'accouchement, l'allaitement et l'alimentation du nourrisson, les pleurs du nouveau-né, les premiers symptômes des maladies infantiles ;

— parmi ces parents, certains se sont groupés pour créer une crèche parentale, une halte-garderie et un centre aéré.

Une pièce commune est à la disposition des usagers, elle possède une bibliothèque. Dans cette salle se déroulent les séances de préparation à la naissance, trois fois par semaine, et la gymnastique post-natale deux fois par semaine.

Aux séances de préparation sont présentes, avec les couples : la kinésithérapeute, une sage-femme, une auxiliaire de puériculture. »

Voilà comment, dans un petit coin de France, une équipe modeste mais exemplaire « accueille » les femmes enceintes. La sécurité y est totalement assurée. On ne saurait en dire autant de certaines cliniques où la naissance est un jeu de massacre, d'hôpitaux publics restés inhumains, et enfin et surtout de ceux qui prônent inconsidérément l'accouchement à domicile ou qui croient pouvoir démédicaliser totalement cet événement qui fut longtemps si douloureux au cours des siècles.

Si tous les « publics » et les « privés » se donnaient le temps de s'inspirer des motivations nécessaires dont nous avons rencontré de tels exemples à Pertuis, la dimension de l'échange et de la relation en maternité en serait transformée. Ce qui rendrait vain l'antagonisme entre « accouchement sans violence » et démédicalisation d'une part, hypertechnologie et surmédicalisation d'autre part.

Il faut que la sécurité demeure la priorité des priorités pour chaque naissance, sans qu'elle soit assurée au détriment du plaisir et de la joie qui doivent accompagner toute maternité.

IV

Problèmes particuliers
aux régions rurales

Les médecins, à la suite des associations familiales rurales, commencent à se rendre compte, comme ce fut le cas il y a vingt ans en Chine, que les problèmes de santé publique — et de grossesse, entre autres — sont intimement liés à l'environnement géographique, sociologique, ethnologique, ainsi qu'aux conditions de travail. Ces problèmes méritent une attention particulière car ils constituent la base d'une certaine forme de prévention des accouchements prématurés en dehors de la pathologie médicale.

C'est d'ailleurs pour cette raison que nous ne cessons de répéter que le mode de sélection (sur les sciences mathématiques, physiques, etc.) et la formation actuelle des médecins sont absurdes. Heureusement, le médecin rural prend rapidement connaissance des données concrètes et se forge sur le terrain sa propre doctrine.

Des modèles remarquables de cette adaptation nous sont cités en particulier dans les thèses de Mme le docteur Dubuit (Meurthe-et-Moselle), de Mme le docteur Bittner (Vosges), du docteur Françoise Simon-Jean (Vaucluse), auxquelles nous faisons souvent référence dans ce livre.

Deux régions en particulier ont été l'objet d'études riches d'enseignements : le Lot et la montagne.

Naissances dans les Causses et le Quercy

Mme le docteur E. Delmas-Latour, ancien chef de clinique du service du professeur Georges Pontonnier, à Toulouse, est allée prendre en main le destin des femmes d'une région relativement déshéritée, celle des Causses du Lot. Elle dirige les opérations à partir de son service public d'obstétrique à l'hôpital de Cahors. Elle opère avec intelligence, tact, délicatesse, mais aussi avec fermeté, rigueur et énergie. Elle en a besoin pour tenter de faire s'accorder les différentes structures en place.

Si ce département nous intéresse de près, ce n'est pas seulement à cause de la beauté de ses paysages, de ses églises romanes et de l'amabilité de ses habitants, mais aussi parce qu'il est représentatif de difficultés et de situations trop ignorées. Comme en d'autres lieux, nous avons estimé nécessaire de faire intervenir ici la Mutuelle Générale de l'Education nationale (M.G.E.N.) du Lot, active et motivée par les problèmes de prévention, comme l'est aussi Mme le docteur Hautefeuille, médecin-chef de la protection maternelle et infantile à Cahors.

Le Lot est situé dans la région Midi-Pyrénées. Sa population est de 148 000 habitants pour une superficie de 522 613 hectares. La préfecture est Cahors, située à 120 kilomètres au nord de Toulouse. A l'échelon médical, il existait au 1er août 1980 :

— 209 médecins à exercice libéral,

— 43 médecins à statut salarial.

A la protection maternelle et infantile, il y a 4 médecins dont 1 pédiatre. En gynécologie-obstétrique, on compte 4 médecins, dont 1 chirurgien.

Distribution de l'habitat :

L'essentiel de la population est regroupé dans la vallée de la Dordogne, dans la vallée du Céré et, surtout, dans la vallée du Lot centrée par Cahors. Le centre du département est occupé par la région des Causses, lieu de prédilection de l'élevage ovin.

Le département du Lot est peu peuplé : 0,28 habitant/hectare. La population active agricole est de 27 %.

L'équipement médical :

Dans le département, il existe :

— 4 hôpitaux dont un seul est pourvu d'un service de gynécologie-obstétrique ;

— les trois autres sont pourvus d'un service de maternité.

Par ailleurs, deux cliniques privées comptent des lits de maternité.

Le département et ses naissances :

En 1980, on comptait 1 947 naissances au total. Sur Cahors, on pouvait en compter 761.

Dans le service de gynécologie-obstétrique : 371.

Le département du Lot répond pleinement à l'épithète *rural*, et les problèmes rencontrés peuvent être retrouvés dans tous les départements de ce type.

Les problèmes de surveillance de la grossesse en milieu rural :

5 points méritent d'être abordés : les facteurs de difficultés, la surveillance médicale, la surveillance sociale, les tentatives d'amélioration, les difficutés à résoudre.

1) *Facteurs de difficultés : Répartition géographique :*

Le chef-lieu est excentré et le département peu peuplé, ce qui explique la dispersion de la population et entraîne des problèmes de transport et des difficultés de surveillance.

Cependant, la femme enceinte conduit habituellement sa voiture et l'état des routes est bon toute l'année ; la patiente peut ainsi se rendre pour son accouchement en milieu spécialisé, et peut venir aux consultations dans la mesure où elle est disponible ; il suffit que le médecin consulte les jours de marché.

Le travail de la femme :

Deux facteurs entrent en jeu : le lieu et la qualité du travail. On note souvent un éloignement important, ce qui occasionne de longs trajets en voiture (pour les enseignants, par exemple) et peut exposer à l'accouchement prématuré. Le travail est très pénible et très prenant. Ces caractéristiques du travail de la femme enceinte expliquent : le peu de disponibilité pour les consultations et les cours de préparation à l'accouchement, et l'absence de repos prénatal.

Les conditions de vie de la femme enceinte :

On rencontre très souvent une hygiène défectueuse, une alimentation non appropriée à la grossesse, et des difficultés de garde du nouveau-né.

Absence d'information :

On est très étonné par l'ignorance de la clientèle ; en effet, la femme enceinte ignore l'intérêt de la surveillance de la grossesse, la possibilité de dépistage de certaines anomalies par différents examens comme l'échographie ou la ponction amniotique précoce, les moyens de prévention de la souffrance fœtale par le monitoring obstétrical par exemple, les moyens d'analgésie obstétricale. Cette non-information est une des lacunes majeures.

La complexité des démarches administratives :

La compréhension des feuillets du carnet de maternité n'est pas toujours simple, en particulier pour ce qui est de la date du congé prénatal et des dates des examens obligatoires, que la plupart des caisses ne précisent pas clairement. Ce qui explique le nombre important d'examens prénataux effectués hors des délais prévus.

Les insuffisances médicales :

Elles sont doubles : en personnel qualifié et en matériel. En personnel qualifié : dans certaines maternités, la sage-femme est de garde au téléphone. Par ailleurs, à la Protection maternelle infantile, il n'existe pas de sage-femme ; et sur 4 médecins, on ne note qu'un seul pédiatre et pas d'obstétricien.

En ce qui concerne les spécialistes, il n'existe pour le département qu'un seul gynécologue-obstétricien à qualification chirurgicale (temps plein hospitalier) et 3 spécialistes gynécologues accoucheurs à qualifications médicales.

Une maternité publique est encore sous la responsabilité d'un médecin généraliste.

En ce qui concerne les médecins généralistes, le premier problème est l'absence de formation : 1/10 des étudiants seulement passent pendant leurs études médicales dans les services de gynécologie-obstétrique. Le second problème réside souvent dans la surcharge de travail, qui conduit à accorder peu de temps à une visite systématique de la femme enceinte, et parfois même à seulement signer le carnet de maternité.

On note enfin un sous-équipement en échographie, en monitoring obstétrical...

La sage-femme pendant la grossesse :

Pendant les cours de préparation à l'accouchement, celle-ci dispense des informations pour faciliter le bon déroulement de la grossesse et améliorer les conditions de l'accouchement. Ces cours restent peu fréquentés en raison de l'indisponibilité et de l'éloignement de la femme enceinte. Enfin, la surveillance clinique de la femme enceinte par la sage-femme, si elle est possible en milieu urbain, reste difficile en milieu rural, voire mal acceptée. Il faut rappeler ici qu'en France, 18 % des femmes enceintes sont examinées par la sage-femme, 50 % le sont par le médecin traitant, 32 % le sont par un spécialiste.

Pendant l'accouchement :

● *Lieu d'accouchement :* la plupart des accouchements ont lieu en milieu spécialisé équipé, hôpital ou clinique privée. Il n'existe plus, en principe, de maternité rurale. L'accouchement inopiné à domicile est très rare, la patiente ayant généralement le temps d'arriver dans un centre spécialisé.

● *Moyens de surveillance :* la surveillance de l'accouchement est confiée à la sage-femme qui, outre la surveillance clinique, utilise les moyens modernes de surveillance : amnioscopie, monitoring obstétrical... La sage-femme fait appel au médecin chaque fois qu'elle le juge nécessaire.

● *Compétence de l'accoucheur :* elle est variable ; l'accouchement peut en effet être effectué par la sage-femme, le médecin généraliste, le médecin spécialiste médical qui fait appel au chirurgien de garde pour la césarienne, le gynécologue obstétricien qui effectue lui-même et sans retard la césarienne d'urgence. Ceci dépend du déroulement de l'accouchement et de l'organisation de la maternité.

Après l'accouchement, surveillance à domicile :

Après un court séjour à la maternité (durée moyenne : 6 jours), la mère et l'enfant, placés sous la surveillance de leur médecin traitant, regagnent leur domicile. La puéricultrice de la Protection maternelle et infantile (5 en tout pour le département) participe aussi à cette surveillance.

Sur Cahors, l'organisation est la suivante : à l'hôpital, la puéricultrice fait une visite systématique à toutes les accouchées pendant le séjour à la maternité ; ensuite elle surveille à domicile le nouveau-né si la mère le demande ou si un problème est signalé. A la clinique, la puéricultrice ne fait pas de visite systématique et elle ne voit ensuite que les enfants signalés par le certificat de santé.

Les travailleuses familiales :

Sur le département, on compte 26 travailleuses familiales, ce qui est suffisant, car il existe une très bonne coordination de leurs interventions. Pour qu'un foyer obtienne une travailleuse familiale, il faut que le quotient familial soit inférieur à 1 000 F. Cependant, il faut remarquer que le prix de revient est de 59,60 F de l'heure, ce qui est élevé si l'on pense qu'une mère a avant tout besoin d'être soulagée pour certains travaux ménagers : c'est la raison pour laquelle il est d'ailleurs demandé le plus souvent un service d'aide ménagère.

La surveillance sociale :

Le nombre d'assistantes sociales dans le département est de 31 ; leur activité au cours de la surveillance de la grossesse est rapportée par le tableau suivant :

	1979	*1980*
Nombre de femmes enceintes vues .	545	626
Nombre total de visites............	1 062	963
Nombre d'accouchements	1 500	1 947

Ce qui revient à dire qu'une femme enceinte sur trois a vu l'assistante sociale. Celle-ci joue un rôle d'information sur les droits sociaux et les prestations légales, ainsi qu'un rôle de liaison avec l'équipe médicale :

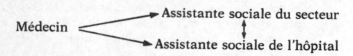

Médecin → Assistante sociale du secteur
Médecin → Assistante sociale de l'hôpital

Tentatives d'amélioration :

Au niveau de mon service de la P.M.I. : relation médecin traitant-spécialiste, information téléphonique à développer entre les différentes structures, carnet rose de surveillance de la grossesse, moyen de liaison entre les médecins.

Organisation médicale : structuration du service et équipement comprenant personnel et matériel, aménagement des cours de préparation à l'accouchement, sage-femme, diététicienne, assistante sociale, puéricultrice, information sur l'analgésie et l'anesthésie obstétricales.

Au niveau de la P.M.I. : création d'un poste de sage-femme à domicile destinée à la surveillance des grossesses pour le sud du département, rôle de conseil médical et rôle social.

Difficultés à résoudre :

Insuffisance médicale, insuffisance en matériel, restrictions du nombre de lits.

Le secret de l'amélioration de la sécurité en France réside dans l'équipement complet d'hôpitaux dits de 2e catégorie (plus humains que les gigantesques C.H.U., et moins éloignés). Le système finlandais, basé sur ce type d'établissements, a fait les preuves de son efficacité (voir page 135 et suivantes).

Grossesse et naissance en pays montagnard

Au cours des dernières années, le centre alpin de Recherche épidémiologique et de Prévention sanitaire a effectué une enquête valable sur ce problème. Dans un livre émanant du comité de l'Isère pour l'U.N.I.C.E.F., intitulé *L'enfant montagnard et son avenir*, nous avons pu puiser d'intéressants renseignements. Mais, tout comme la Beauce qui a bercé mon enfance, la montagne a été et reste un milieu auquel je reste profondément attaché : je la connais bien.

Dès mon plus jeune âge, j'ai passé des vacances en pays alpin, en Suisse et en France, et j'ai constaté d'emblée que la Suisse savait conserver avec amour et conscience son patrimoine montagnard, ce que la France ne fait pas. La transformation du paysage alpin français en hideuses stations de ski a achevé d'y ruiner la nature. Vers l'âge de 13 ans, en 1928, j'ai commencé à faire du ski et suis resté depuis lors un skieur tout terrain (fond, randonnée, hors-piste, etc.), perfectionné pendant mon service militaire dans le Briançonnais et le Queyras, puis plus tard à l'Ecole de haute montagne à Chamonix, enfin pendant la guerre, durant les campagnes de Norvège en 1940, et d'Autriche en 1944, où je pus non seulement utiliser mes connaissances du terrain, mais également mieux connaître la population montagnarde, que je n'ai plus jamais cessé d'aimer et de fréquenter jusqu'à aujourd'hui.

La rudesse montagnarde m'attire, et si j'avais à mieux cerner mon identité, je dirais que je suis d'abord un *Alpin*. Il est donc normal que je me

83

penche avec attachement sur une population qui vit durement et s'accroche à sa pente.

Les zones montagneuses couvrent en France plus de 100 000 km², soit 1/5e du territoire national. La *pente*, même faible, rend ce milieu pénible puisque, dans le périmètre de son exploitation, la montagnarde doit constamment monter et descendre. La circulation y est difficile, surtout en hiver, et le climat est souvent humide et froid. Pendant des siècles, l'occupation humaine y a été forte, mais un dépeuplement marqué s'observe en dehors des stations touristiques. De larges espaces demeurent en friche, à cause de ce dépeuplement, mais ceux qui restent méritent tout notre intérêt : il s'agit là d'une population exemplaire qui, un jour, sera peut-être à la source du renouveau de notre pays qu'une civilisation urbaine stéréotypée abrutit.

L'enquête à laquelle nous nous référons ici montre que près de la moitié de la population montagnarde s'estime insuffisamment informée, aussi bien sur la contraception que sur la périnatalité. Les médecins généralistes, qui ont suivi 62 % des mères enquêtées pendant leur grossesse (contre 38 % suivies en milieu spécialisé urbain), résident rarement dans la commune, plutôt au chef-lieu de canton. Sur 900 personnes interrogées, 226 se trouvaient à 20-30 km de la maternité, 222 entre 30 et 40 km, et 132 à plus de 50 km.

65 % des femmes n'avaient reçu aucune préparation à l'accouchement.

Il est rare de trouver au village un personnel de santé quel qu'il soit. Les médecins désertent systématiquement les zones éloignées de plus de 30 km des centres urbains.

L'accroissement de la protection maternelle et

infantile est donc le seul moyen de lutter contre l'isolement, ainsi peut-être que l'instauration de la « sage-femme alpine ».

En attendant, l'exemple des maternités savoyardes de Chambéry et d'Annecy, qui attirent la clientèle des vallées éloignées par une visite mensuelle et un accouchement dans la sécurité, nous paraît répondre le mieux aux exigences actuelles.

Hélas, il n'en va pas de même dans certaines petites villes de Savoie et de Haute-Savoie où des établissements incapables de se montrer opérationnels devraient être supprimés.

Sous-mortalité urbaine et surmortalité rurale lors de l'accouchement

Au cours de ce chapitre et ailleurs, nous faisons référence à certaines enquêtes. Rappelons à ce propos, par prudence, les remarques de Daniel Schwartz, directeur de l'Unité de Statistiques de l'I.N.S.E.R.M. :

« Des enquêtes épidémiologiques ont montré des liaisons statistiques entre une mauvaise issue de la grossesse (mortinatalité, prématurité, etc.) et de nombreuses caractéristiques de la mère (on en a dénombré plus de 100). Mais, pour la plupart de ces facteurs de risque tels que l'âge, la parité, le niveau socioculturel, outre qu'on ne peut les modifier, la notion même d'une relation causale n'a guère de sens. Aussi les épidémiologistes ne se sont-ils aucunement préoccupés de la pénible étape visant à prouver la causalité, ils demandent aux facteurs de risque d'avoir seulement une valeur prédictive. A première vue, cette démarche paraît dépourvue d'intérêt. A quoi sert la connaissance de facteurs de risque dont la nature causale est ignorée, voire exclue, quels moyens d'action permettent-ils ? La réponse est qu'on peut, à partir de plusieurs facteurs, calculer le risque comme indiqué plus haut, et, pour les femmes à haut risque, abaisser celui-ci par des procédés n'ayant aucun rapport avec les facteurs de risque : surveillance régulière, orientation pour l'accouchement vers une maternité bien équipée, etc. [1] »

F. Hatton et L. Maujol ont accompli un travail précieux en étudiant les relations entre le lieu de résidence de la mère et les complications mortelles de l'accouchement et des suites de couches (pour l'enfant comme pour sa mère) :

Les indices suivants seront pris en compte :
— la mortalité maternelle ;
— La mortalité périnatale en distinguant éventuellement la mortinatalité et la mortalité néonatale précoce.

1. Matériel et méthodes

Cette étude repose sur l'analyse des statistiques de décès pendant la période 1970-1978 ; compte tenu des faibles effectifs de certains groupes de décès, les résultats de ces neuf années ont parfois été cumulés.

Les statistiques sont exhaustives, tous les décès étant aujourd'hui exactement dénombrés en France.

Le lieu de résidence est connu pour les décès maternels comme pour les morts périnatales, cette indication étant transcrite sur tous les certificats.

Les divers taux de mortalité sont calculés par

---

1. Schwartz, D., *Risque et facteurs de risque en épidémiologie et en santé publique,* Concours médical, 07, février 1981, 103 — (6), p. 751.

rapport à la totalité des naissances vivantes de l'année étudiée :

— taux pour 100 000 naissances totales pour la mortalité maternelle ;

— taux pour 1 000 naissances pour les mortalités néonatale précoce et périnatale (naissances totales pour la mortalité périnatale et la mortinatalité, naissances vivantes pour la mortalité néonatale précoce).

Mortalité maternelle — France (1970 et 1978)

Années	Nombre de naissances total	Nombre de décès maternels	Taux de mortalité maternelle
1970	861 850	239	27,7
1978	742 483	111	14,9

Mortalité maternelle et lieu de résidence : Le taux de mortalité est nettement plus élevé en milieu rural qu'en milieu urbain (urbain et rural définis selon l'I.N.S.E.E.).

*Mortalité maternelle selon le lieu de résidence
France (1970 et 1978)*

Lieu de résidence de la mère	Nombre de décès	Taux de mortalité[1]
Communes rurales	398	24,1
Agglomérations urbaines	1 141	20,2
Total France	1 539	21,1
1. Taux moyen pour 100 000 naissances en 1970 et 1978.		

En réalité, on constate une décroissance régulière de la mortalité en fonction de la taille de l'agglomération de résidence de la mère. C'est en milieu rural que la mortalité maternelle est la plus élevée.

C'est à Paris que la mortalité maternelle est de beaucoup la plus basse.

Mortalité périnatale et lieu de résidence de la mère : En 1978, la mortalité périnatale paraît liée au lieu de résidence de la mère, mais les différences observées entre zones urbaine et rurale sont minimes et beaucoup moins nettes que pour la mortalité maternelle.

Mortalité périnatale et lieu de résidence France en 1978

	Morti-natalité périnatale nombre de décès	Taux[1]	Morti-natalité nombre de décès	Taux[1]	Morti-natalité néonatale précoce nombre de décès	Taux[1]
Communes rurales	2 462	15,4	1 565	9,8	897	5,7
Agglomérations urbaines...	8 452	14,5	5 529	9,5	2 923	5,0
Total France	10 914	14,7	7 094	9,6	3 820	5,1

1. Taux pour 1 000 naissances totales.

Quelques autres enquêtes

Nous ajouterons enfin quelques documents relatifs aux travaux de deux représentantes éminentes des associations d'agricultrices, Mmes Dromer et Mouzay, qui se basent sur différentes enquêtes effectuées à l'intérieur des milieux et associations ruraux. Ce qui nous a frappé ici, c'est la rigueur et le sérieux de la collecte de l'information par des non-spécialistes. Ceci est à rapprocher de certains enseignements que nous avons tirés du tiers monde, obligé de compter davantage sur ses propres forces que sur la charité paternaliste et souvent intéressée de l'Occident.

A l'appui de ce qui a été dit des insuffisances des structures destinées aux agricultrices, nous citerons en exemple les résultats de l'enquête « Familles rurales » sur « grossesse et travail en milieu rural », d'après Mme Mouzay (Fédération nationale des Associations familiales rurales) :

Sur 3 000 questionnaires envoyés, 420 ont été retournés.

29 départements ont répondu avec un taux très différent. Nous ne citerons que les départements de l'Ardèche, de l'Aveyron, du Gard, du Jura, de la Haute-Loire, de la Meuse, de la Haute-Savoie, départements ruraux s'il en est.

Toutes les femmes qui ont répondu à l'enquête appartiennent au milieu rural et vivent les réalités rurales.

Rappelons à cet égard qu'il ne faut pas confondre milieu rural et milieu agricole, le milieu rural étant composé de toutes les personnes habitant des communes (en théorie) de moins de 5 000 habitants, quelle que soit leur catégorie socioprofessionnelle.

C'est une majorité de très jeunes femmes qui ont répondu, puisque 80 % ont moins de 35 ans. Près de la moitié sont mères au foyer, 30 % sont salariées, 14 % sont agricultrices, 4 % appartiennent aux secteurs de l'artisanat et du commerce, 3 % exercent une profession libérale.

Lorsque les femmes travaillent à l'extérieur, c'est le plus souvent à temps complet plutôt qu'à temps partiel. 70 % ont deux ou trois enfants, 64 % ont accouché il y a moins de trois ans, 60 % d'entre elles sont affiliées au régime général de la Sécurité sociale, 30 % sont affiliées au régime agricole.

Comment ont-elles vécu leur grossesse ? Les femmes qui travaillent disent qu'il leur a été possible d'annoncer leur grossesse à leur employeur dans 100 % des cas. Si l'ensemble des employeurs a bien réagi à cette annonce, seulement la moitié en a tenu compte pour l'organisation de leur travail. Seules 3 % des femmes ont été aidées par la médecine du travail : c'est un point qui mérite d'être approfondi. Si la plupart des femmes déclarent que leur activité professionnelle ou ménagère n'a pas été une gêne pour le bon déroulement de leur grossesse, ce sont les femmes d'artisans et de commerçants qui se sont déclarées nettement les plus gênées. Les femmes exerçant une profession libérale le sont également, mais moins. Près de 40 % des femmes ont éprouvé le besoin d'interrompre leur travail au cours de leur grossesse. 80 % des femmes qui ont désiré arrêter leur activité ont pu le faire. Les déplacements pour se rendre aux visites obligatoires ont créé des difficultés pour près de 10 % de celles-ci. Une sur trois a été contrainte de faire le choix de son médecin en fonction de la proximité de celui-ci. La grossesse a été suivie par un spécialiste dans plus de la moitié des cas, par le généraliste local dans 40 % des cas, et par une sage-femme dans 6 % des cas. 7 % des femmes estiment le dialogue avec leur médecin insuffisant. Une sur trois n'a eu aucune préparation à l'accouchement : c'est l'éloignement du lieu, le manque de disponibilité, le manque d'information qui en sont causes. Donc, là aussi, des actions d'information et de décentralisation de certains services seraient à entreprendre. La moitié seulement ont eu des contacts avant et après l'accouchement avec des assistantes sociales ou des puéricultrices, et elles estiment avoir été bien informées.

Le quart des personnes interrogées ont trouvé le nombre des visites prénatales insuffisant. Plus de la moitié n'ont eu aucune aide dans leurs tâches ménagères avant leur accouchement. Le tiers s'est débrouillé — soit avec mari, parents, voisinage ou autres. Seules 7 % ont fait appel à une travailleuse familiale.

Où ces femmes ont-elles accouché ? Elles nous ont répondu : en maternités urbaines pour 81 %, en maternités rurales pour 18 %, à domicile pour 1 % d'entre elles. Dans les maternités rurales, l'intervention du médecin généraliste est aussi fréquente que celle du spécialiste, alors que dans les maternités urbaines, le médecin spécialiste intervient dans près de 50 %, et le médecin généraliste dans seulement 10 % des cas. La sage-femme intervient aussi bien dans les maternités urbaines que dans les maternités rurales. Parmi les personnes qui ont accouché à domicile, deux ont été accouchées par un médecin généraliste.

On note que si 30 % des maris n'ont pas assisté à l'accouchement, c'est dans 85 % des cas parce que la maternité les a refusés ; dans 10 % des cas lors d'accouchements à problèmes ; et dans 5 % des cas pour des raisons diverses : femmes qui ne tiennent pas à la présence du mari, ou maris qui ne souhaitent pas être présents.

Il y a eu des accouchements à problèmes dans 23 % des cas ; dans 5 % de ceux-ci, tout n'était pas en place pour les résoudre.

On nous fait remarquer les insuffisances en personnel les dimanches et jours fériés. Plus de la moitié des femmes n'ont pas allaité — c'est-à-dire une sur deux —; les agricultrices, les femmes d'artisans, de commerçants sont beaucoup moins nombreuses à allaiter que les femmes appartenant aux autres catégories socioprofessionnelles. Si elles ont recours à l'allaitement artificiel, c'est essentiellement pour des raisons professionnelles. Il est à noter que dans 40 % des cas, on ne leur a pas conseillé d'allaiter.

Si ces jeunes femmes disent avoir été bien accueillies (avec une réserve cependant pour les dimanches et jours fériés), c'est qu'elles ont eu l'impression de se sentir en sécurité (environnement, équipements, personnel médical et personnel de service) et d'avoir été bien suivies pendant leur séjour à la maternité ; près du tiers ont jugé que les conseils qui leur avaient été donnés concernant le bébé étaient insuffisants. Ces conseils ont généralement été dispensés par la puéricultrice.

Il est cependant certain que l'expérience joue un rôle important dans ce domaine, puisque les femmes qui ont eu un ou deux enfants sont plus nombreuses à trouver que les conseils étaient suffisants.

Il est à noter qu'en milieu rural, il y a un pourcentage important de femmes ayant deux ou trois enfants.

Comment s'effectue leur retour à la maison ? 12 % seulement ont eu recours à une travailleuse familiale. Près de la moitié disent ne pas connaître ce service, et 14 % ont renoncé à cette aide car elle n'est pas remboursée (par prise en charge par les caisses).

Il y a méconnaissance du rôle des travailleuses familiales, et même de leur existence, par les médecins. Or, elles ont un rôle privilégié du fait qu'elles vivent à l'intérieur de la famille et que leur aide peut intervenir à trois stades : pendant la grossesse, en cas de fatigue ou de grossesse à risque ; pendant le séjour à la maternité ; après la naissance.

Elles peuvent enfin avoir un rôle préventif et éducatif pour la santé de la mère et du bébé. Ce sont les femmes qui sont affiliées au régime agricole qui ont le plus souvent recours à la travailleuse familiale.

Seulement 8 % des agricultrices ont fait appel à un remplacement professionnel, considérant leurs charges comme trop lourdes. Le remplacement professionnel n'est pas utilisé fréquemment pour des raisons d'ordre divers : obstacles psychologiques, etc.

Dans cette enquête, nous demandions aux femmes de s'exprimer largement et de nous dire leurs souhaits pour mieux vivre cette période périnatale. Parmi les suggestions et demandes de ces femmes, on relève surtout : un fort désir d'information concernant la grossesse et l'accouchement ; un suivi de la grossesse plus fréquent et plus intense, avec une visite prénatale tous les mois, dès le premier mois de la grossesse ; des visites médicales moins rapides et moins anonymes ; une véritable préparation à l'accouchement ; une demande d'aide également pendant et après la grossesse ; bien évidemment, les mêmes droits en matière de protection sociale pour toutes les catégories socioprofessionnelles.

Les femmes d'artisans et commerçants, les agricultrices sont frustrées sur le plan de la maternité, car elles interrompent leur travail juste avant l'accouchement et le reprennent aussitôt après. La femme salariée a droit à un congé, la femme du secteur indépendant, non.

Enfin, la prise en charge par les caisses est faite en fonction de critères de ressources qui pénalisent les classes moyennes.

Des propositions

En conclusion à ce chapitre, rappelons quelques propositions émises en 1980-81 par le groupe « Périnatalité en milieu rural » aux travaux duquel nous avons présidé :

1. *Dans le domaine de la prévention et de la surveillance*

● Augmentation du nombre des visites prénatales obligatoires.

● Remboursement à 100 % de toutes les visites prénatales supplémentaires nécessitées, selon l'avis du médecin, par le déroulement de la grossesse.

● Amélioration et développement de la préparation à l'accouchement.

● Utilisation des médecins généralistes, hommes de terrain, comme pivot de la surveillance médicale, en profitant de leur bonne implantation géographique et en incitant les jeunes généralistes à s'installer dans les zones désertifiées.

● Augmentation du nombre des sages-femmes à domicile intégrées dans une équipe de soins où chaque intervenant a un rôle complémentaire de celui des autres, et définition du rôle de chacun.

● Possibilité de créer des Groupements d'Exercice fonctionnel cantonaux, ayant entre autres objectifs la surveillance des femmes enceintes.

2. *Dans le domaine de la couverture sociale*

● Uniformisation des régimes afin d'obtenir une protection identique pour toutes les catégories de femmes :
— au niveau des prestations ;
— au niveau de l'allocation de remplacement ou du congé de maternité.

Cette uniformisation pourrait être obtenue par une action de solidarité à l'intérieur du milieu rural.

3. *Dans le domaine de l'aide aux femmes enceintes et aux jeunes mères.*

● Développement de l'action des travailleuses familiales et des services de remplacement maternité.

— modification des critères d'attribution : prise en compte uniquement de l'état de santé de la femme et non pas d'un critère de ressources ou de l'existence d'un premier enfant ;

— uniformisation de la prise en charge par les caisses pour obtenir un tarif identique dans tous les départements.

4. *Dans le domaine de l'information*

Le groupe ayant mis en évidence que l'information du milieu rural devait se faire par ce milieu lui-même, deux types d'action sont proposés pour améliorer l'information et la formation :

● Réunions cantonales organisées par les D.D.A.S.S. avec médecins, travailleurs sociaux, associations familiales rurales, usagers, etc., pour :

— informer sur ce qui existe ;

— utiliser les responsables ayant la formation requise (ex. : Associations familiales rurales) et encourager cette formation ;

— former les usagers pour qu'ils deviennent à leur tour des informateurs au niveau cantonal.

● Brochures d'information réalisées par la Mutualité sociale agricole, les Associations familiales rurales, les Syndicats de Médecins, avec l'aide du Conseil supérieur de l'Information sexuelle, distribuées largement aux médecins généralistes et aux relais de l'information, et pouvant servir de support aux réunions D.D.A.S.S.

V

Grossesse et travail salarié

C'est à dessein que nous soulignons ici le qualificatif *salarié* à propos non du travail en général, mais d'un certain type de travail. Car une mère de famille qui élève ses enfants à la maison, surtout s'ils sont nombreux (comme c'est la règle chez les migrantes), effectue un travail à la fois utile, difficile et fatigant. C'est un pédiatre qui parle ici en connaissance de cause, ayant exercé autrefois son métier en clientèle privée. A l'époque (1948-1962), la moitié de mes clientes n'avaient pas d'emploi salarié. Sans vouloir le moins du monde attenter au droit de la femme à accéder au travail salarié, je dois tout de même constater que pendant les deux premières années de la vie d'un enfant, la mère est irremplaçable, et que cela est et restera toujours vrai. Or de nombreuses femmes ont besoin de gagner un salaire pour que le couple puisse joindre les deux bouts. Surtout, nombreuses sont les femmes qui veulent exercer une profession de leur choix en rapport avec leurs capacités et leurs options. Pour moi qui travaille constamment avec des femmes (infirmières, techniciennes, chercheurs scientifiques, internes, assistantes), je ne puis qu'admirer leur ténacité et leur compétence au travail.

Quand une femme est enceinte et travaille, elle accomplit en réalité trois sortes de travaux :

— elle *fait un enfant,* ce qui est un travail fatigant ; elle le fait pour elle, mais aussi pour la société, le pays où elle vit ;

— elle va à son travail et utilise parfois des moyens de déplacement variés et de longue durée, aux heures de pointe, ce qui est une des causes d'accouchement prématuré. Ce travail est souvent — pas toujours — l'occasion d'une fatigue supplémentaire ;

— enfin, elle doit souvent faire la ménagère chez elle, à moins qu'elle n'ait un mari coopérant, ce qui n'est pas encore foncièrement entré dans les mœurs.

C'est donc dur, et la France, en dépit d'un statut de la femme enceinte au travail très supérieur à celui de nombreux pays, n'a pas encore réussi à harmoniser ce triple droit :

- droit à une grossesse sans risques,
- droit au travail,
- droit à allaiter son enfant.

Je ne suis pas comme cette femme énarque, haut fonctionnaire au ministère de la Santé, qui me disait récemment : « A l'heure actuelle, les femmes veulent *tout* (sic) ! » Il faut dire que ce ministère regorge de fonctionnaires aussi inutiles qu'incompétentes et qui travaillent un peu à la façon des anciennes poinçonneuses de tickets de métro. Quel regret de n'avoir plus de ces interlocutrices avec qui nous avions fait avancer les problèmes périnataux, pour l'heure en pleine stagnation...

Je me suis rendu sur les lieux de travail : usines, entreprises, banques, bureaux, chèques postaux, etc. Dans l'ensemble, la femme enceinte n'y est point considérée. Le médecin du travail ne s'intéresse guère, en règle générale, à ce problème. En fait, il y faudrait une sage-femme, à condition que l'entreprise soit de grande taille.

Prenons l'exemple si courant du problème de la *fatigue* de la femme enceinte. C'est un phénomène subjectif souvent peu quantifiable, en dépit des très bonnes études qu'y ont consacrées Lazar et Mamelle (voir p. 104). Certains patrons l'ignorent ou veulent l'ignorer. En d'autres cas, la femme ne dit rien, de crainte de perdre son salaire. Dans certaines usines où les gestes automatiques ou les postures engendrent un stress permanent, il n'y a qu'un court arrêt aux repas. C'est la course à la production.

Lorsque je vais parler de la naissance dans les usines et les entreprises, les auditeurs viennent à la sauvette, car la direction n'aime en général pas mes interventions ; les médecins du travail non plus. Ils bouclent ces séances de recyclage et n'accordent aucun temps supplémentaire, le jour où elles ont lieu, en sus de l'heure du déjeuner.

Il y a cependant des exceptions. L'une d'entre elles mérite d'être signalée. C'est celle de la Compagnie Guigoz et de son remarquable, lucide et dynamique P.-D.G. René Basdevant. Depuis plus de dix ans, il a compris que l'industrie du lait se devait de participer à la prévention. Ses congrès de Monaco, le film *Naître sans danger* qu'il a fait tourner, sur mon conseil, par Claude Edelmann, ont plus fait pour expliquer par l'image le sort de la femme enceinte au travail que bien des arrêtés ministériels. Le film a servi de modèle dans l'entreprise Guigoz elle-même et a été présenté dans des milliers d'entreprises en France.

Quand je vois cela, il m'arrive très souvent de préférer travailler avec l'industrie privée qu'avec un secteur public embourbé dans sa bureaucratie et son manque d'imagination.

Pour être objectif, il faut tout de même rappeler que la France est un pays relativement avancé en matière de législation du travail, même si nous sommes encore loin de compte dans notre prise en charge de la grossesse.

Un bon rapport intitulé « Maternité et Travail » fut remis en avril 1979 à ce bon ministre que fut le regretté Robert Boulin, victime, comme le fut en d'autre temps Roger Salengro, d'infâmes calomnies. Nous en extrayons quelques passages :

« De manière progressive, la loi a mis en place un statut protecteur de la femme enceinte fondé sur les principes suivants :
— éviter que la grossesse ne constitue un obstacle à l'embauche de la femme salariée ;
— éviter que la femme enceinte ne perde son emploi du fait de son état ;
— écarter la femme de certains postes dangereux pour sa santé ou celle de son futur enfant.

Protéger la femme à la recherche d'un emploi :

Le législateur a souhaité empêcher que la grossesse ne soit un obstacle à l'embauche des femmes.

Aussi est-il interdit à tout employeur de prendre en considération l'état de grossesse d'une femme pour refuser de l'embaucher.

A cet effet, il lui est interdit de rechercher ou de faire rechercher toute information concernant l'état de grossesse de l'intéressée.

Parallèlement, la femme candidate à un emploi n'est pas tenue, sous réserve des cas où elle demande le bénéfice des dispositions législatives et réglementaires concernant la protection de la femme enceinte, de révéler son état de grossesse.

Protéger la femme disposant d'un emploi :

Deux situations doivent être distinguées :

— pendant la période précédant la suspension du contrat de travail, l'employeur ne peut résilier le contrat de travail que s'il justifie d'une faute grave de l'intéressée, non liée à l'état de grossesse, ou lorsqu'il lui est impossible de maintenir le contrat de travail pour un motif étranger à la grossesse.

Sauf s'il est prononcé pour des motifs justifiant la résiliation du contrat de travail, le licenciement d'une salariée est annulé si, dans un délai de 8 jours à compter de sa notification, l'intéressée envoie à son employeur un certificat médical justifiant qu'elle est en état de grossesse ;

— par contre, l'interdiction de licenciement est totale pendant la période de suspension du contrat de travail.

Il convient, enfin, de préciser que la femme en état de grossesse apparente peut toujours résilier, sans préavis, son contrat de travail.

Durée du congé :

Ce droit est ouvert à 6 semaines prénatales, c'est-à-dire avant la date présumée de l'accouchement, et se termine 10 semaines après celui-ci (8 semaines avant la loi du 12 juillet 1978).

A partir du 3e enfant, la durée totale de ce congé est de 26 semaines : 8 semaines prénatales et 18 semaines postnatales.

En cas d'état pathologique résultant de la grossesse ou des couches, le contrat peut être suspendu *quelques semaines avant la date présumée* de l'accouchement et *jusqu'à 14 semaines après celui-ci*. Le congé *peut être ainsi porté à 22 semaines*.

En cas de naissances multiples, ces durées sont prolongées de deux semaines.

L'indemnisation du congé :

— en cas de grossesse et d'accouchement sans incident, l'intéressée reçoit de la Sécurité sociale une indemnité égale à 90 % de son salaire (l'indemnité journalière de repos ne peut être supérieure à 1/400e du plafond annuel des cotisations de Sécurité sociale pour la période de repos débutant 6 semaines avant la naissance et se terminant 10 semaines après) ;

— en cas de nécessité, et sur prescription médicale, l'intéressée peut bénéficier de la même indemnisation au titre de l'assurance maternité pendant 2 semaines supplémentaires ;

— sous certaines réserves, la femme enceinte peut être affectée à un autre emploi, si son état de santé médicalement constaté l'exige ;

— afin d'assurer la protection de la femme enceinte lorsque celle-ci exerce un métier mal adapté à son état, une affectation temporaire dans un autre emploi peut intervenir à l'initiative de la salariée ou de l'employeur si l'état de santé médicalement constaté l'exige. »

L'allaitement chez la femme salariée reste très mal aidé par les dispositions administratives actuelles :

« Pendant un an à compter du jour de la naissance, la salariée qui souhaite allaiter dispose à cet effet d'*une heure par jour* pendant les heures de travail. La salariée peut donc allaiter sur le lieu de travail et les chefs d'établissement occupant plus de cent femmes de plus de 15 ans peuvent être mis en demeure d'installer dans leurs locaux ou à proximité des chambres d'allaitement. »

Tout cela, visiblement, ne constitue qu'une fausse déclaration de bonnes intentions.

Dans un excellent livre sur l'*Allaitement* (Ramsay éd.), Mme Thirion a bien montré que presque toutes les femmes sont à même d'allaiter (sans aucune obligation) 3 à 6 mois, à condition d'y être aidées.

En Chine populaire, par exemple, il y a des crèches sur tous les lieux de travail et la femme va y allaiter à heures régulières ou quand elle le veut. Dans beaucoup de pays intitulés (de manière saugrenue) « démocraties » populaires, des dispositifs similaires existent.

En Finlande, 80 à 90 % des femmes allaitent 3 à 6 mois et peuvent à cet effet percevoir une forte indemnité qui leur permet de rester à la maison.

En France, tout reste à faire en ce domaine.

LA MATERNITÉ

INDICES DE FATIGUE PROFESSIONNELLE ET PRÉMATURITE.

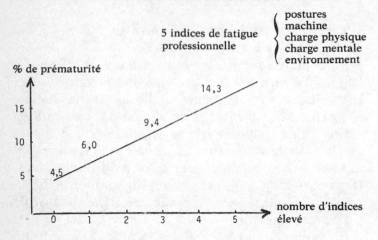

5 indices de fatigue professionnelle
{ postures
machine
charge physique
charge mentale
environnement

% de prématurité

15
10
5

4,5   6,0   9,4   14,3

nombre d'indices élevé

0   1   2   3   4   5

DURÉE HEBDOMADAIRE DU TRAVAIL ET PRÉMATURITÉ.

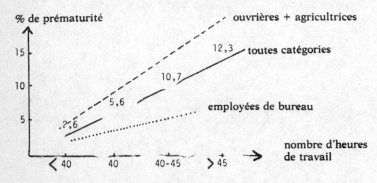

% de prématurité

ouvrières + agricultrices

12,3 toutes catégories

10,7

5,6

employées de bureau

2,6

nombre d'heures de travail

< 40   40   40-45   > 45

15
10
5

On a retenu les facteurs suivants : nombre d'heures de travail, qualité de la profession. On voit l'énorme différence entre les ouvrières et les employées de bureau, chez lesquelles les risques de prématurité sont moindres.
(D'après Mamelle et Lazar.)

VI

La naissance chez les migrantes

Il y a quelques années, en collaboration avec M. Monset Couchard et N. Spira, nous rendions compte d'une enquête épidémiologique sur ce sujet[1]. Plus récemment, nous avons incité, avec le concours de la M.G.E.N., au déclenchement d'une « enquête périnatale à Aulnay-sous-Bois et au Blanc-Mesnil », dans laquelle le problème des migrantes enceintes se trouvait à nouveau soulevé. On fera surtout allusion ici à un travail de qualité réalisé en 1980 dans le Bassin houiller lorrain sous le titre *Femmes migrantes de culture musulmane*. Ses auteurs sont nombreux : Yves Gonnifey, le docteur Noëlle Matisse (élève du professeur Vert, de Nancy), Evelyne Moisy, Anne-Marie Page et Elisabeth Pierret, sociologue, plus des enquêtrices, des personnes de formation sanitaire et sociale, d'autres issues des sciences sociales, et trois formatrices : une d'origine tunisienne, la seconde d'origine marocaine, l'autre d'origine turque.

---

1. In A. Minkowski, *Pour un nouveau-né sans risques* (1976), Stock, pp. 345-351.

Comme il s'agit là d'une population généralisée, désormais numériquement très importante en France, nous constatons avec ces enquêteurs que les maternités de ces femmes migrantes occasionnent des résistances d'ordre culturel accentuées par l'isolement dû à l'habitat, aux coutumes, aux conditions socio-économiques, à la non-compréhension du français, quelquefois même à l'analphabétisation.

Ont été pris en compte auprès de ces femmes, avec bien sûr l'aide d'interprètes : la charge de travail, le suivi des prescriptions et les conseils donnés par le médecin, l'utilisation ou non du carnet de santé, la connaissance des moyens de contraception. On ne sera pas surpris de constater que les Maghrébines forment un bloc homogène à part, alors que les autres immigrées — italiennes, espagnoles, portugaises ou autres — connaissent à l'heure actuelle une situation plutôt comparable à celle des femmes françaises, hormis quelques points que nous avons relevés dans un autre ouvrage[1]. Par contre, les Turques ne sont comparables à personne et forment un groupe particulier.

Aux causes que nous avons déjà citées s'ajoutent la pudeur, les freins religieux, la méconnaissance du corps. Les femmes ont tendance, quand elles sont mal informées, à ne même pas respecter les quatre visites qui ont été prescrites. Très souvent, ce sont des multipares, qui s'occupent de beaucoup d'enfants à la maison, ce qui est cause de fatigue, et elles ne disposent pratiquement d'aucune information puisque, dans leur pays d'origine, elles étaient accouchées par des matrones traditionnelles dans des conditions de sécurité quasi nulle. Il faut bien

1. *Ibid.*

sûr distinguer de ces femmes migrantes les musul-
manes nées en France qui se différencient très
nettement des autres par une assez bonne intégration.

Revenir sur leur attitude par rapport à la procréation paraît extrêmement délicat. Ne pas tenir
compte de la culture, de la réalité des croyances de
ces personnes est regrettable. Par contre, ce qui est
tout à fait remarquable, et peut-être le facteur le
plus important en dehors des conditions socio-
économiques, c'est l'isolement de la femme pendant
sa grossesse. Elle a tendance à croire, gênée qu'elle
est par la non-compréhension ou la mauvaise compréhension de la langue, que le médecin ne fait rien
ou pas grand-chose, qu'il se contente de remplir des
papiers. Elle n'ose pas poser de questions, elle n'a
pas recours aux interprètes ni aux travailleuses
sociales pourtant bien au courant de ses habitudes
socioculturelles et religieuses, et qui pourraient
essayer de mettre cette femme en confiance.

Parmi les groupes à risques, les enquêtrices ont
retenu, en particulier, celui composé d'un grand
nombre de modalités négatives (fausse-couche,
maladie découverte avant ou pendant la grossesse,
traitée à domicile ou à l'hôpital, repos prescrit avant
ou après six mois, mauvais suivi de cette prescription, césariennes, dont certaines à cause de la mal-
position de l'enfant). Ces groupes sont concernés en
priorité et force est de constater que le groupe de
femmes nées en Algérie, ainsi que les grandes multipares, bien qu'ayant accès aux structures, ne peuvent suivre les prescriptions requises par leur état
de fatigue, du fait de leurs charges de travail. Quant
au groupe constitué par les femmes de Turquie, il
présente tous les traits révélateurs d'un profond

isolement vis-à-vis des structures médicales et sanitaires.

En conclusion de cet excellent travail effectué par l'équipe du Bassin houiller de Lorraine, retenons les réflexions suivantes :

15 % des femmes, dont 25 % d'autochtones, tout en estimant maîtriser le français courant, signalent néanmoins ne pas comprendre la terminologie utilisée par le médecin. Pour beaucoup d'hommes et de femmes, les connaissances d'ordre anatomique ou scientifique acquises à l'école sont oubliées ; pour d'autres, il n'en a jamais été question. Il serait indispensable que, malgré sa charge de travail évidente, le médecin en tienne compte au cours des consultations, et emploie tous les moyens qui lui permettraient de se faire comprendre par ces femmes. Là devraient intervenir les collaborateurs proches du médecin dans le domaine sanitaire : infirmières, puéricultrices, qui pourraient compenser l'absence de formation initiale suffisante par des explications circonstanciées, en s'appuyant sur des structures légères d'information.

Les enquêteurs ont étudié soigneusement l'accessibilité potentielle dans le domaine sanitaire, qui a été mesurée selon différents critères, et ils ont constaté que l'absence de tout conseil à la maternité concernant l'enfant touche 54 % des femmes interrogées ; le manque de tout conseil concernant la femme elle-même touche 70 % des femmes enquêtées.

Les facteurs d'inaccessibilité réelle que ce groupe a fait apparaître sont les suivants : la charge de travail, due surtout au nombre élevé d'enfants, surtout chez les femmes algériennes ; le poids des habitudes dans le suivi des régimes et des prescriptions ; la difficulté à se déplacer (problème de la garde des enfants, pas de moyens de locomotion) ; le repos qui ne peut être pris lorsque l'habitat impose une fatigue (manque de confort, de place, d'ascenseur) ; l'influence de la religion dans la pratique de la contraception et de l'avortement ; la part psychologique de difficultés (pudeur, poids de la culture incitant la femme au fatalisme).

Avec le temps, pourtant, la femme va peu à peu découvrir les structures constituées aux fins de réalisation des échanges sociaux, pour ses enfants, pour sa famille et enfin pour elle-même.

Quelles sont les propositions concrètes à avancer après cette enquête unique en son genre ? Le groupe lorrain considère qu'il est urgent d'instituer par tous les moyens, à l'intention des femmes immigrées, des modèles de formation sur les thèmes de la santé, qui peuvent d'ailleurs être rattachés à l'apprentissage du français par une pédagogie active.

Tout le personnel médical sanitaire et social (médecins, sages-femmes, puéricultrices, infirmières, assistantes sociales, travailleuses familiales) doit être capable de différencier les ethnies, de comprendre ce qui en fait la spécificité. Une formation d'ordre ethnosociologique, jumelée à une formation psychopédagogique, leur permettrait d'adapter leur comportement aux attentes implicites des femmes immigrées, puisque celles-ci ne peuvent, de par leur culture, les exprimer comme peut le faire une femme autochtone.

Il faut multiplier les visites à domicile, en particulier par des sages-femmes connaissant la langue de leur interlocutrice. Il convient de mettre à profit le séjour en maternité pour que la femme musulmane, enfin déchargée de son travail domestique, puisse recevoir une véritable leçon de choses en matière de santé, pour l'informer des moyens contraceptifs et la diriger, le cas échéant, vers le médecin qui pourra lui fournir explications et prescriptions.

Peut-être alors pourra-t-on aussi aborder avec elle, avec délicatesse, sans heurter ses habitudes culturelles, le problème de la contraception.

VII

La naissance
dans le tiers monde :
une priorité
qui nous concerne tous

Nous avons eu l'occasion d'étudier ces problèmes dans un assez grand nombre de pays en voie de développement, plus particulièrement en Asie du Sud-Est : la Chine, le Viêt-nam, le Laos, le Cambodge — en temps de paix, puis en temps de guerre, et maintenant au temps de l'occupation vietnamienne — et plus récemment au Bangladesh. Nous avons enquêté dans les trois pays du Maghreb, en Egypte et au Liban. Nous avons été à l'origine de l'implantation du premier Centre de soins intensifs pour nouveau-nés à Cuba, de l'enseignement de la réanimation néonatale avec la collaboration active de notre ancienne interne Christiane Huraux-Rendu, et nous pouvons enfin ajouter à cela une petite expérience dans des territoires d'outre-mer comme la Réunion et les Antilles, sans compter un certain nombre de pays d'Amérique latine, le Mexique et le Guatemala plus particulièrement.

Sous toutes ces latitudes, la « pierre angulaire » de l'action en faveur de la naissance doit être la sage-femme. A ce propos, nous voudrions rappeler quels sont, dans ces pays — et d'ailleurs aussi dans

111

les pays plus développés — les rôles essentiels de la sage-femme, car il nous semble qu'ils n'ont pas encore été bien précisés.

Une sage-femme est une personne qualifiée pour pratiquer les accouchements [1]. Elle a reçu une formation qui lui permet de donner les soins et les conseils nécessaires pendant la grossesse, le travail et la période postnatale, de procéder sous sa propre responsabilité aux accouchements normaux et de prendre en soins les nouveau-nés.

Bien entendu, dans les pays du tiers monde, où il faut qu'elle puisse même procéder à des accouchements difficiles si elle est seule — et je me permets de rappeler qu'au Sud Viêt-nam, pendant la période « Viêt-cong », il y eut des sages-femmes formées à faire des césariennes ; je ne dis pas que cela doive être la règle, mais cela montre que leurs responsabilités peuvent aller loin —, la sage-femme doit être à tout moment capable de reconnaître les signes qui dénoncent une anomalie ou un risque d'anomalie nécessitant l'intervention d'un médecin, ainsi que de prendre les mesures d'urgence qui s'imposent si elle ne peut obtenir un secours médical.

Qu'elle exerce dans un hôpital, dans un centre de santé ou au domicile des intéressées, elle a un rôle important à jouer dans l'éducation sanitaire de la famille et de la collectivité. Ses attributions s'étendent aux domaines de la gynécologie, de la planification familiale et de la protection infantile. L'influence que peuvent avoir sur le rôle et la responsabilité de la sage-femme les conditions locales et la structure des services où elle exerce, ainsi que

1. Définition du bulletin de l'Organisation Mondiale de la Santé (O.M.S.).

l'existence de services médicaux et autres sur lesquels elle puisse au besoin s'appuyer, varient bien entendu selon les endroits[1]. Parmi ces attributions figurent :

— les soins maternels à la faveur de tous ses contacts avec les mères et leur entourage ; la sage-femme s'emploie à faire œuvre d'éducatrice sanitaire et notamment à donner des conseils en matière de nutrition ;

— elle assure à un stade aussi précoce que possible, soit à elle seule, soit en collaboration avec d'autres services, la surveillance prénatale du maximum de femmes en état de grossesse normale, en contrôlant leur état général et toutes les maladies dont elles peuvent être porteuses, en particulier les parasitoses ou les maladies du sang comme les anémies à hématies falciformes chez les populations noires ;

— elle dépiste les grossesses à risque élevé, cherche à déceler précocement les signes d'anomalies afin d'envoyer les intéressées en consultation chez les spécialistes, si spécialistes il y a ;

— elle dispense les soins voulus durant la période postnatale, et montre notamment à la mère comment s'occuper de son enfant en l'encourageant à l'allaiter au sein et en donnant au besoin des conseils de planification familiale ;

— elle peut enfin donner des soins aux nouveau-nés, vérifier si la respiration s'établit et se maintient, et contrôler leur température corporelle ;

— elle fait au mieux de sa compétence un examen

1. Dans le monde en voie de développement, soit 80 % de la planète, les structures sanitaires paysannes sont rudimentaires ou absentes.

systématique du nouveau-né, cherchant notamment à déceler les anomalies congénitales manifestes ;

— elle enregistre le poids à la naissance, entre autres données ; elle veille à prévenir les accidents infectieux ; elle enregistre et déclare la naissance conformément à la législation locale ; elle règle les principes d'allaitement et d'alimentation artificielle, contrôle la croissance et le développement du nouveau-né et montre immédiatement au médecin tout enfant qui s'écarte de la normale ;

— elle enregistre les données démographiques et sanitaires dont elle a connaissance, participe aux activités médico-sanitaires intéressant la collectivité : vaccinations, programme de dépistage du cancer général ou du sein, planification familiale. Ce dernier problème doit naturellement *tenir grand compte du contexte psychologique, social et culturel.*

— *elle se tient en rapport avec les accoucheuses traditionnelles,* afin de les former, de les guider, de les contrôler[1]. Ceci n'est pas une « mince affaire », car ces accoucheuses traditionnelles, il est difficile de s'en passer, étant donné leur nombre et, surtout, étant donné la culture, les habitudes de ces « matrones » que nous avons vues en particulier opérer dans les pays du Maghreb et les camps palestiniens au Liban, ainsi qu'au Bangladesh. Elles sont totalement ignorantes de l'obstétrique élémentaire et des complications à la naissance.

Dans les pays en voie de développement, les sages-femmes qualifiées ne sont pas suffisamment nom-

1. Tout récemment, comme nous l'avons signalé plus haut, l'Organisation Mondiale de la Santé a lancé une campagne qui tend, dans tout le tiers monde, à donner aux « matrones traditionnelles » une véritable formation en obstétrique.

breuses ; il faudra bien alors des sages-femmes auxiliaires capables d'assurer une surveillance prénatale simple, des accouchements normaux, des soins aux accouchées et aux nouveau-nés, une éducation sanitaire élémentaire.

Il est donc clair que, dans tout pays en voie de développement qui tient à assurer la qualité de ses naissances, la sage-femme est un personnage capital. C'est ce que j'ai pu constater par exemple pendant la guerre du Viêt-nam en 1968. Dans le seul Nord Viêt-nam, il y avait 20 000 sages-femmes, pour une population de 25 millions d'habitants, alors qu'en France il n'y en avait que 10 000 pour 50 millions d'habitants à la même époque. Ces sages-femmes avaient l'habitude d'accoucher et d'intervenir correctement, même dans des conditions de guerre, jusque dans les tranchées et les souterrains. Elles savaient naturellement opérer un très grand nombre de manœuvres gynécologiques dans la mesure où elles se trouvaient seules. En Chine, la même situation prévaut. Dans de très nombreuses communes rurales populaires, il n'y a qu'une sage-femme pour s'occuper de toute l'obstétrique et de la gynécologie, et c'est ainsi que l'on peut dire que la surveillance prénatale en Chine, même si elle n'est pas sophistiquée, est néanmoins de très bonne qualité (nous y avons fait largement référence dans le *Mandarin aux pieds nus*).

Nous allons passer en revue quelques exemples de catastrophes ou, au contraire, de luttes contre les catastrophes dans ces différents pays. Claire Brisset a plusieurs fois mis l'accent, dans ses articles du *Monde,* d'une manière très frappante, sur ces malheurs et surtout sur la manière désordonnée, inadaptée dont procèdent les gouvernements locaux ou ceux qui les aident en Europe occidentale ou aux Etats-Unis.

On constate ainsi que le taux de natalité au Mali est l'un des plus élevés au monde : 350 000 naissances par an. Sur ce total, moins de 50 000 accouchements se déroulent dans les maternités rurales. 300 000 sont donc pratiqués par des matrones traditionnelles, assez semblables à celles dont nous avons parlé précédemment, armées de leurs pouvoirs religieux et incantatoires. 15 000 de ces accouchements présentent des complications qui laissent la matrone totalement désarmée, 8 000 femmes meurent chaque année en accouchant, des milliers d'autres survivent avec de terribles séquelles génitales invalidantes, les plus fréquentes étant de loin les fistules entre la vessie et le vagin, ou entre la vessie et le rectum. Ces séquelles sont si insupportables qu'elles sont une cause fréquente de répudiation ou de suicide. On peut ajouter que sur 1 000 enfants nés vivants, plus de 100 meurent avant l'âge d'un mois de souffrances fœtales, de tétanos ombilical, d'infections, de pneumopathie.

Nous ne parlerons pas, puisque nous ne nous occupons ici que de la naissance, de ce qui se passe après, mais ce n'est guère mieux. Un peu partout dans le tiers monde s'est répandue l'idée, complètement fausse, qu'il fallait construire des centres de soins intensifs de type occidental. Presque partout où je suis passé, en Afrique comme en Asie du Sud-Est, les couveuses étaient là, quelquefois avec un matériel très sophistiqué fourni par les Américains, comme en Egypte, alors que personne ne savait s'en servir. Tel est le spectacle dans ces grands hôpitaux et ces grandes maternités du Caire, avec télévision dans la salle de soins intensifs, incubateurs vides puisque l'on n'ose pas y mettre les enfants. Quelques soins sont dispensés à des prématurés dont la mère habite à plus de 15 km de là, dans un faubourg, et ne vient jamais voir son enfant : elle considère, puisqu'il était prématuré, qu'il ne peut que mourir[1].

Un jour, lors de la réunion d'un comité d'experts de l'O.M.S., quand j'ai suggéré qu'il fallait d'abord sauver les nouveau-nés à terme avant de s'occuper des prématurés par des moyens sophistiqués, on nous a comme toujours répondu que nous prenions ces nations pour des pays encore colonisés et qu'ils avaient droit à la même qualité d'hôpitaux que le monde occidental. Bref, un certain nombre de mes démarches pour collaborer avec les pays du tiers monde — non pas du tout par une aide paternaliste, mais simplement pour faire comprendre les méthodes de prévention ou de thérapie élémentaires, ce qu'on appelle les soins primaires, dont ils ont tant besoin — se sont presque toujours soldées par un échec, entre autres dans les camps palestiniens. On y construisait des hôpitaux luxueux pour des opérations hypothétiques à cœur ouvert, alors que les matrones accouchaient tant bien que mal, et plutôt mal que bien, la plupart des femmes, à l'instar de ce qui se passe aussi dans les campagnes du Maghreb.

Le dialogue Nord-Sud ne pourra s'engager qu'avec des médecins et des hommes politiques consistants, comprenant les besoins essentiels : il ne s'agit pas tant pour nous d'envoyer des médecins que de former sur place des gens qui peuvent dispenser ces soins élémentaires.

1. Et elle fera un autre enfant immédiatement après la mort du prématuré.

La Chine, qui a très bien compris cette nécessité des soins élémentaires et qui les pratique remarquablement sur toute l'étendue de son territoire, bien qu'elle ait adhéré à l'O.M.S., n'a pas déployé de grands efforts pour y introduire et y répandre ce qui est probablement l'un des systèmes les plus remarquables au monde.

Dans ce domaine de la naissance, la propreté est essentielle : au Cambodge, par exemple, que nous avons visité plusieurs fois (la dernière en 1980) et où on nous avait dit que les naissances avaient alors disparu, il y avait en vérité au moins 200 naissances par mois dans chacun des grands hôpitaux de province et les établissements de district. Le tétanos ombilical, cette maladie dramatique de pays comme le Mali, n'y faisait pas de ravages, car les sages-femmes et les médecins travaillaient proprement. Voilà déjà une première notion difficile à introduire ailleurs, précisément parce qu'il ne s'agit pas là de sophistication, mais d'enseignement de la médecine de terrain.

On ne doit cependant pas procéder avec brutalité ni heurter, dans de nombreux pays, les habitudes culturelles, sociologiques, psychologiques. En ce sens, la manière dont, au Cambodge et au Viêt-nam, les envoyés du Comité catholique contre la faim et pour le développement se sont comportés, est tout à fait exemplaire : il s'agit là d'une sorte de « partenariat » dans lequel jamais les conseils ne sont donnés de manière paternaliste. Il faut toujours arriver à se mettre au diapason des différentes populations et des gouvernements auxquels nous avons affaire, et ne pas considérer le sous-développement comme l'expression d'une insuffisance. Il est bien certain que tant que la politique du Nord et du Sud sera ce

118

qu'elle est, on sera loin de compte, la corruption des gouvernements locaux faisant le reste, comme aussi l'abandon complet des soins en zones rurales éloignées des villes.

Un homme, le docteur Zafrullah Chowdury, a mis sur pied au Bangladesh, en pleine zone rurale, une expérience de médecine rurale (périnatale entre autres, bien entendu) qui fera date dans la médecine paysanne de terrain dans le tiers monde. J'ai eu accès à cette entreprise modèle, que je soutiendrai de tous mes efforts, par l'entremise du Comité français de soutien au Bangladesh. Deux hommes dévoués à cette cause depuis dix ans, Lucien Bigeault et Bernard Jarousse, se dépensent sans compter pour la soutenir avec efficacité (l'Abbé Pierre a débloqué d'urgence 60 millions d'anciens francs, il y a quelques années, à un moment critique pour le centre de Savar). Ces deux hommes sont l'image même de ce que doit être le soutien au tiers monde : aide matérielle bien sûr (avec collecte soigneuse de petits dons ; chaque centime est versé sur place, sans dispersion ni dilapidation, contrairement à ce qui se passe fréquemment dans les grandes campagnes ou lorsque des fonds énormes sont versés à des gouvernements corrompus ou exclusivement orientés vers la médecine urbaine), aide morale et affective, soutien par des consultants et experts occidentaux, mais non-immixtion dans les initiatives essentielles. C'est sur place que naît cette exemplaire médecine du tiers monde, que je soutiens aussi dans le cadre de l'A.R.M.E. (Aide à la recherche médicale pour l'enfance, dont je préside le Comité Scientifique international).

Le travail de base, entre autres en médecine

périnatale rurale, est dispensé par les *paramedics*. La plupart sont des femmes, habillées de saris rutilants et circulant à bicyclette (ce qui, en pays islamique, est considéré comme inconvenant pour une femme). La formation de ces *paramedics* est de très loin supérieure à celle des médecins aux pieds nus qui n'ont qu'un niveau élémentaire de secouristes. Celles-là ont une formation équivalente à celle de nos infirmières diplômées, mais adaptée à la médecine rurale.

En matière de surveillance de grossesse, elles sont qualifiées et essaient tant bien que mal de former les « matrones traditionnelles », seules présentes dans les zones rurales reculées, complètement ignorantes de l'obstétrique, et qui n'ont que le mérite d'être là. Ces *paramedics* enseignent aussi la contraception, pratiquent même parfois sur place la ligature des trompes, etc. Elles ne sont pas que des agents sanitaires. Tous les jours, elles passent quelques heures à l'artisanat ou à l'agriculture.

L'idée fondamentale du docteur Chowdury est que les soins doivent s'imbriquer dans l'environnement culturel, sociologique et du travail, et que la population doit finalement en arriver à prendre ses responsabilités dans tous les domaines (y compris sanitaires) : à prendre son destin en main.

Nous projetons donc d'aider le docteur Chowdury à créer sur place une Faculté de médecine rurale qui fournira des *paramedics* pour tout le pays, et des médecins praticiens du tiers monde rural formés en trois ans.

A ce propos, réfléchissons sur le thème suivant : dans les pays occidentaux, on paie *sept ans d'études* coûteuses à des médecins praticiens qui se transforment pour une bonne part en distributeurs de médicaments aussi inutiles que dangereux. Cela est vrai même aux Etats-Unis où les études médicales sont pourtant, en règle générale, d'un très bon niveau...

Le Bangladesh, sous l'impulsion du docteur Chowdury, a entrepris de ne conserver qu'une centaine de médicaments essentiels en lieu et place des quelque 1 500 produits qui inondaient le marché et submergeaient la population, l'une des plus pauvres du monde.

Il y a beaucoup à apprendre de cette expérience de Savar, qui donne à réfléchir sur la distribution et l'efficacité des soins. Un jour peut-être la communauté européenne rendra-t-elle obligatoire un service sanitaire de coopération avec le tiers monde pour tous les étudiants en médecine diplômés. Ce serait une manière d'aider efficacement les pays en voie de développement et de pallier quelque peu notre pléthore médicale. Nous réalisons bien qu'il s'agit là, de notre part, d'un vœu pieux. Nous rencontrons pourtant beaucoup de jeunes qui manifestent leur enthousiasme à cette idée. Nous pensons à ces jeunes hommes et femmes qui, dans l'anonymat le plus strict, vont depuis des mois aider les Afghans révoltés contre les bandits soviétiques, dans leurs vallées reculées, et qui resteraient sans soins sans leur dévouement. Nous songeons ici en particulier au cas d'une jeune femme généraliste de Pau, que nous avons vue enceinte et qui nous parlait avec simplicité et émotion du travail qu'elle avait effectué là-bas, dans le danger, la fatigue, mais avec la joie d'avoir aidé une population héroïque dans la défense de sa dignité, de son identité, de sa liberté et de sa santé.

VIII

La prévention périnatale

Il n'existe aucun secteur médical où la prévention soit aussi efficace qu'en matière de mortalité et de morbidité périnatales, c'est-à-dire pendant les trois derniers mois de la grossesse (morts-nés) et les premiers jours qui suivent la naissance (mortalité postnatale). Il convient d'englober ces résultats spectaculaires, assez remarquables pour la France, dans ceux obtenus en matière de *mortalité infantile* (chiffres concernant la première année de vie) : 108 pour mille en 1945, 51 pour mille en 1948, 18 pour mille en 1970, moins de 15 pour mille en 1979, à peine 10 pour mille en 1981. Dans cette dernière tranche, la mortalité périnatale est arrivée au chiffre satisfaisant de 13,5 pour mille en 1979, chiffre officiel pour autant que l'on soit sûr de la qualité et de l'exactitude de l'information [1].

Comparé à ceux, plus élevés, de la Grande-Bretagne (15 à 16 pour mille), de l'Allemagne fédérale

1. En particulier, il faudrait compter tout fœtus de plus de 500 grammes ayant respiré au moins une fois : je doute que cela soit respecté.

(16 pour mille), des U.S.A. (17 pour mille), le chiffre français peut être source de légitime satisfaction, d'autant plus qu'entre 1979 et 1981, un progrès sensible a encore été enregistré.

Ce chiffre est cependant plus élevé que celui du Japon (12 pour mille), de la Suisse (12 pour mille), de la Bulgarie (10 pour mille — chiffre peut-être contestable), et surtout de la Finlande et de la Suède (9 pour mille), résultats qui semblent presque atteindre à la perfection et au-dessous desquels il sera difficile de descendre.

Indiquons que dans ces deux derniers pays scandinaves, c'est grâce à la prévention de la prématurité (3 % des naissances) que ces résultats remarquables ont été obtenus, alors qu'ils sont chez nous encore supérieurs à 5 %.

Nous examinerons plus loin en détail comment l'on en arrive à ce miracle dans un pays de niveau économique moyen comme la Finlande, désavantagé par l'immensité de ses terres enneigées et glacées en hiver. Disons-le tout net : il s'agit là d'un test de civilisation, comme l'est aussi en Finlande le pourcentage de femmes (de 90 à 95 %) qui allaitent jusqu'à six mois en touchant l'intégralité de leur salaire. Qui dit mieux ?

Il est de bon ton, aujourd'hui, de minimiser la portée de la prévention. Certains intellectuels ou prétendus penseurs du siècle la taxent de bureaucratisme, tel Ivan Illich sur la base de données fausses, ou Jacques Attali par le jeu d'un esprit faux. D'autres[1] y voient une méthode de coercition, alors que c'est seulement de discipline qu'il s'agit. Rien n'est fait en France pour la prévention de l'alcoolisme ;

---

1. Norbert Bensaïd, hélas !

celle du tabagisme est négligeable. Quant aux méthodes de prévention du cancer, de l'hypertension, de la sclérose artérielle et des accidents (travail, route, etc.), elles en sont encore au stade artisanal.

Ici, dans ce domaine de la morbidité et de la mortalité périnatales, la prévention par des moyens simples (mais cependant difficiles à généraliser) est plus efficace que toute la technologie moderne. Il s'agit presque d'une médecine de « terrain », de celle dont j'ai pu apprécier l'efficacité en Chine populaire dès 1965, alors que, jusque-là, je considérais comme seuls efficaces les soins intensifs au nouveau-né malade, basés sur la recherche scientifique et le laboratoire.

Au cours des dernières années, j'ai pu présider au ministère de la Santé les travaux d'un comité « périnatal ». Plus que les personnels de santé, ce sont les représentants des agricultrices, des mères de familles, des ouvrières, des employées, des syndicats, des diverses collectivités locales qui nous ont permis de comprendre les problèmes posés par la grossesse, l'accouchement, et leurs rapports avec le travail. C'est tout un aspect de la vie en France que nous avons ainsi découvert et, par la suite, étudié avec soin. Cet effort des médecins pour travailler en symbiose avec la population et lui faire prendre une part importante à la conception de la Santé publique, voilà une forme de « démédicalisation » à laquelle nous souscrivons volontiers ! Nous l'avons dit ailleurs : « la Santé publique est un problème trop sérieux pour être laissée aux mains des seuls médecins ».

Sous l'influence et la pression des médias, des parents de handicapés, d'organismes mutualistes comme la Mutuelle générale de l'Education nationale, d'obstétriciens et de néonatalogistes profitant de l'amélioration rapide des techniques, les pouvoirs publics entreprirent en 1970 d'établir un « programme finalisé de périnatalité », inauguré au VIᵉ plan et prolongé au VIIᵉ plan après 1976. Une étude prospective, baptisée « Rationalisation des choix budgétaires », retrouvait avec retard ce que les Britanniques avaient déjà montré en 1956 : lorsque le nombre des visites prénatales systématiques passe à 10-13 (au lieu des 4 prescrites par la Sécurité sociale), on évite environ 60 000 handicapés en quinze ans, on évite dans le même laps de temps 30 000 morts néonatales ou fœtales, et ces résultats sont doublés si s'améliorent les soins simples en salle de travail[1].

Les services spécialisés de réanimation néonatale évitent dans le même temps 15 000 morts, mais beaucoup moins de handicapés cérébraux.

La preuve est donc faite qu'il faut absolument tendre à la mensualisation des visites prénatales bien faites (sages-femmes, obstétriciens ou généralistes recyclés en obstétrique) et à condition que l'on prenne son temps (15 à 20 minutes constituent un minimum).

A Port-Royal, la simple application de la visite systématique mensuelle par les sages-femmes qui sont là au mieux de leur compétence, a fait baisser

---

1. Malheureusement, l'évaluation exacte des résultats de ce programme n'a jamais été faite. Les enquêtes épidémiologiques périnatales sont incomplètes et particularistes, tout à fait conformes à « l'individualisme » incurable des Français.

de moitié les détresses respiratoires des nouveau-
nés.

En 1979, en France, où malheureusement la visite
mensuelle n'était pas encore institutionnalisée [1]
(même si elle est d'usage largement répandu), la
mortalité périnatale était tombée à 13,5 pour mille.
Je suis intervenu à ce sujet à la Chambre des
Communes britannique et j'ai été amené à exposer
les grandes lignes du « programme français » à
l'étranger (U.S.A., Canada, etc.). Il n'en reste pas
moins que nous sommes encore loin des résultats
des pays scandinaves. Pourquoi ?

1 — en raison de l'inégalité des soins périnataux
selon les régions (excellents en Rhône-Alpes et à
Paris, difficiles dans le Nord et en Corse, etc.) ;

2 — parce que trop d'établissements ne sont
encore que des entreprises hôtelières de naissance et
ne sont pas encore assez contrôlés ;

3 — parce que les facteurs socio-économiques ne
sont pas encore suffisamment pris en compte dans le
risque ;

4 — éventuellement, à cause de la résurgence
stupide des accouchements à domicile ou « démédi-
calisés », sans monitorage électronique, sans possibilité de faire une césarienne immédiate en cas de
souffrance fœtale ;

5 — parce que certains généralistes peuvent ignorer l'obstétrique ou garder pour eux des grossesses à
risques ;

6 — parce que les femmes porteuses d'une grossesse multiple ne se reposent pas précocement et ne
sont pas suffisamment suivies ;

7 — parce que le risque mineur échappe alors que

---

1. Pas plus d'ailleurs qu'elle ne l'est en 1982 après le changement de gouvernement.

les gros risques sont bien contrôlés (diabète, hypertension, etc.) ;

8 — parce que l'absence de bon accueil dans les
hôpitaux fait parfois donner la préférence à des
établissements où l'accueil est sympathique mais la
sécurité médiocrement assurée ;

9 — parce que les femmes de la campagne ou
exerçant une profession fatigante ne s'arrêtent pas
suffisamment tôt ;

10 — parce que les mères à faibles moyens, encore
au foyer, ne bénéficient pas d'aide familiale suffisante ;

11 — parce que la peur de la perte du salaire fait
souvent hésiter la femme à en parler à son patron ;

12 — à cause de la fréquence actuelle des grossesses chez les toutes jeunes filles ;

13 — parce qu'en dehors des visites réglementaires, les visites supplémentaires ne sont pas toujours
remboursées à 100 %.

Toute femme enceinte doit être examinée au
moins une fois par l'équipe obstétricale du lieu où
elle va accoucher, et le plus rapidement possible, en
tout cas dans les douze semaines légales prévues
pour la visite de déclaration de grossesse. Ceci est
important, car dès cette première visite, il faut faire
un plan de surveillance personnalisée de la grossesse
en fonction des risques. Cette visite doit être extrêmement complète, longue, rien ne doit y être laissé
au hasard. La patiente doit recevoir toute l'information nécessaire pour la suite[1]. Il est certain qu'il
faudrait que le carnet de maternité édité par le
ministère de la Santé soit scrupuleusement rempli,
en indiquant en particulier la courbe de poids, la

---

1. Une seconde visite par un obstétricien est recommandable
après le sixième mois.

hauteur utérine, la tension artérielle, les résultats de l'examen médical. Sur ce plan, on est encore loin du compte.

Il est important, si la femme enceinte se trouve à distance d'un centre et qu'elle aura du mal à s'y rendre, de dire que, dans la mesure du possible, *il convient de ne pas faire de longs voyages en voiture;* chaque fois que c'est possible, il vaut mieux prendre le train. Bien entendu, on doit reconnaître qu'en hiver, dans certaines régions déshéritées, ce problème risque de poser de grandes difficultés. Aussi est-il nécessaire de créer de nombreux postes de sages-femmes visiteuses à domicile.

Je crois qu'il faut respecter des règles et des normes et les rappeler. Il faut que l'Inspection départementale de la Santé ou le consultant obstétrical régional s'occupent eux-mêmes de vérifier que tout est en ordre dans les établissements, et n'hésitent pas à sanctionner ceux qui ne sont pas dignes de ce nom. Ce sont évidemment les pédiatres qui, pour l'instant, recueillent le résultat catastrophique de certains massacres de cerveaux qui n'ont pas entièrement disparu en France. Toute organisation sanitaire doit garantir qu'un établissement peut accomplir correctement son travail, et la situation est encore pour l'instant loin de donner entière satisfaction.

Il est certain que la construction de grands hôpitaux universitaires n'a pas forcément été le meilleur moyen de mettre à la disposition de tout le monde des établissements corrects, puisqu'ils sont souvent très éloignés de l'endroit où se trouve la femme enceinte : par conséquent, il faut compléter l'équipement hospitalier périnatal en France par ce qui existe en Finlande, à savoir de petits hôpitaux bien

129

pourvus, bien équipés, sans luxe, mais avec tout ce qu'il faut, tous les 50 ou 100 km. Une carte doit donc être étudiée à cet effet et l'on doit vérifier que, quel que soit l'endroit où se trouve une femme enceinte, elle puisse avoir accès aux soins les meilleurs : il s'agit là d'un droit imprescriptible.

C'est peut-être ce chapitre qui, pour l'instant, laisse encore le plus à désirer, même si, grâce à la vigilance du ministère des Affaires sociales, un grand nombre d'établissements insuffisants, de maisons d'accouchement indignes de ce nom, sans aucune surveillance médicale, ont été fermés de manière autoritaire.

Des normes existent, qui sont loin d'être respectées partout, et l'équipement n'est pas seul en cause : il y a aussi le fonctionnement. On sait que, grâce aux progrès de la prévention et des soins obstétricaux, le nombre des handicapés a baissé en France ; on constate que les établissements spécialisés dans l'hospitalisation des enfants handicapés graves commencent à se vider peu à peu de ce recrutement. Mais, à l'heure actuelle, dans notre service de Port-Royal comme dans tous les services de soins intensifs aux nouveau-nés, un peu partout en France, plus de la moitié — pour ne pas dire les deux tiers — des enfants qui nous arrivent sont le résultat de grossesses ou d'accouchements qui ont été mal suivis, ou qui se sont mal passés, et l'on peut dire par conséquent qu'au bout de l'année, cela fait encore plusieurs milliers d'enfants qui sont exposés aux complications les plus graves. Sur ce chapitre particulier, il est donc absolument nécessaire de procéder à un recensement précis, à une plus grande surveillance, à des contrôles plus stricts.

Une grande partie de ces problèmes seraient

mieux résolus si l'on utilisait à plein et plus concrètement les sages-femmes visiteuses départementales à domicile. Voici comment leur rôle est décrit par Mme Dubuit, de Nancy, dans la thèse qu'elle leur a consacrée :

RÔLE DE LA SAGE-FEMME VISITEUSE A DOMICILE

La première visite a lieu en début de grossesse, généralement vers trois mois.

Sujets abordés :

Lors de ce premier entretien, toujours assez long, la sage-femme essaie de faire prendre conscience à la future mère de ses responsabilités vis-à-vis de sa grossesse et de l'enfant à naître. Ses conditions de vie (travail fatigant, longs trajets, difficultés familiales...) ; ses antécédents familiaux et personnels (obstétricaux en particulier), peuvent être évoqués.

La sage-femme s'assure que la grossesse est suivie médicalement, que la pesée, l'analyse d'urine et la prise de tension artérielle ont bien été pratiquées et sont normales.

Elle interroge et informe sur les signes et symptômes normaux ou pathologiques : prise de poids, contractions (à partir d'explications sur les sensations en début de grossesse, en fin de grossesse...), métrorragies, difficultés urinaires, varices, fatigue...

Elle parle souvent de l'hygiène de la grossesse (hygiène corporelle, dents à soigner... ; hygiène alimentaire, surtout si la future mère lui paraît maigre ou au contraire obèse) ; le tabac est un point systématiquement abordé.

Elle insiste sur l'intérêt d'au moins une visite médicale supplémentaire entre le troisième et le sixième mois, sur la nécessité de consulter le médecin en cas d'anomalie apparaissant entre deux visites, sur le danger de l'automédication.

Systématiquement sont évoqués la date du terme présumé, l'intérêt de la préparation à l'accouchement, de préférence suivie par le couple, et celui de l'allaitement maternel.

L'écoute :

Si la sage-femme essaie de « faire passer » les idées les plus importantes au cours de cet entretien, elle écoute surtout la future mère : il faut déceler et comprendre les éventuels problèmes qui se posent à elle, les inquiétudes qu'elle peut éprouver, même si elle ne veut pas ou n'ose pas en parler, ou si elle oublie de le faire. Parfois, elle laisse la conversation dévier vers des sujets bien différents : cela peut favoriser un contact plus détendu et plus confiant, débloquer une situation, libérer une angoisse...

Par ailleurs, pour ne pas perturber l'entretien, pour éviter de lui donner une couleur « médicale », et encore moins « policière », la sage-femme ne prend aucune note pendant ses visites.

Chaque fois que cela est possible, le père, et éventuellement l'entourage familial, sont invités à participer, au moins en partie, à l'entretien.

En cas de grossesse à risques ou pathologique, la sage-femme peut préparer la future mère à l'éventualité d'explorations particulières, en l'informant pour désamorcer des angoisses injustifiées.

Si des problèmes linguistiques se posent, la sage-femme fait intervenir la famille, note les principaux conseils en quelques mots simples susceptibles d'être compris par le mari, utilise des schémas, des dessins. Elle lui laisse une bande dessinée regroupant les principaux conseils d'hygiène de la grossesse.

Quand la sage-femme n'arrive pas à trouver la future mère à son domicile, elle parvient parfois à la joindre par téléphone sur son lieu de travail, et à obtenir ainsi un rendez-vous.

Les visites suivantes :

La sage-femme retournera voir la future mère aussi souvent qu'elle le jugera utile, en fonction des facteurs de risques médicaux ou sociaux qu'elle aura décelés. En principe, elle la revoit toujours vers sept mois et demi. Elle lui parle à nouveau de la date du terme, de la préparation à l'accouchement, des incidents pouvant survenir et nécessitant une visite immédiate chez le médecin, des signes de début de travail, de la préparation de la valise avec ce qui est nécessaire (carnet de maternité, carte de groupe sanguin...), des possibilités de surveillance médicale du nourrisson ; elle donne les conseils utiles pour la préparation à l'allaitement au sein ; elle insiste sur la nécessité de passer la visite du neuvième mois auprès du médecin ou de la sage-femme qui pratiquera l'accouchement.

La contraception peut être évoquée, parfois aussi la gymnastique postnatale (il faut en effet que la jeune maman pense à en demander la prescription au médecin).

Mais l'écoute est là aussi essentielle. Et il faut souvent rassurer une future mère angoissée...

Rôle postnatal :

Les premiers mois après la naissance, si le secteur était privé de puéricultrice, la sage-femme se rendait encore à domicile. Lors de l'arrivée de la puéricultrice, elle laisse à celle-ci cette responsabilité. Cependant, la sage-femme va, dans toute la mesure du possible, visiter les jeunes mamans dans l'établissement d'accouchement ; elle peut ainsi connaître l'enfant pour lequel elle a travaillé plusieurs mois, résoudre quelques problèmes d'allaitement, donner des conseils de contraception si c'est nécessaire,

rassurer la maman, etc. Elle lui annonce la puéricultrice, qui prendra le relais à domicile.

Remarques :

Le rôle de la sage-femme dans ce secteur est donc
essentiellement orienté vers l'éducation pour la
Santé ; mais son action permet aussi un dépistage
plus précoce de nombreux risques.

Bien entendu, la sage-femme n'agit pas seule : si
des risques particuliers ont été dépistés, elle en
informe selon le cas l'Assistante sociale de secteur
(par exemple, en cas de nécessité d'une travailleuse
familiale, d'un placement temporaire de la mère, des
enfants...), la puéricultrice, la psychologue de P.M.I.,
etc.

Si une anomalie se manifeste, la sage-femme
demande à la future mère d'aller voir son médecin,
avec qui elle établit une liaison (médecin de famille
si c'est lui qui suit la grossesse, obstétricien, établissement d'accouchement).

Elle est aussi disponible pour intervenir à la
demande de ces personnels : les Assistantes sociales
surtout font appel à elle, les puéricultrices également, les médecins rarement.

La sage-femme personnalise son contact avec la
femme enceinte et se maintient en liaison avec les
autres structures : hôpital, P.M.I., généralistes (il est
capital de ne pas se couper du médecin de famille) et
cliniques du secteur privé, dans une conception
idéale de la surveillance.

Tant que la surveillance de la grossesse et même
de l'accouchement ne reposeront pas essentiellement et en priorité sur le corps constitué — mais
non utilisé à plein — des sages-femmes françaises,
nous ne pourrons pas faire passer le taux de préma-

turité de 5,6 % à 3 %, ni abaisser notre mortalité périnatale de 13 à 10 pour mille.

Nous avons évoqué en début de chapitre un système de santé périnatal exemplaire : celui de la Finlande. Nous tirons l'essentiel de nos informations à ce sujet d'une excellente enquête effectuée par le docteur Saint-Martin [1], chef de service de pédiatrie de l'hôpital de Pau en 1981. Cela nous donne l'occasion de citer au passage l'excellente organisation de P.M.I. qui prévaut dans ce département des Pyrénées-Atlantiques, et nous n'aurons garde d'omettre l'hôpital de Bayonne et son remarquable pédiatre, le docteur Grenier. Voici le tableau de la situation en Finlande, et les enseignements qu'on en peut tirer :

Les résultats obtenus par la Finlande en matière de mortalité infantile et périnatale sont parmi les meilleurs au monde. Pays au climat rude, la Finlande est après l'Islande le pays le plus septentrional du monde. Sa superficie totale est de 337 000 km², sa population de 4,7 millions d'habitants. Ce pays s'étend du nord au sud sur une longueur de 1 160 km. Un tiers environ de sa longueur est situé au-delà du cercle polaire arctique. Sa côte, notamment sud-ouest, est entourée d'une myriade de petites îles dont une grande partie est inhabitée. Le climat est très rigoureux, le pays recouvert par la neige pendant plus de cinq mois ; la température descend couramment à moins 30°. Mers et lacs sont gelés une grande partie de l'année. Les nuits d'hiver sont longues ; en Laponie, la nuit est continue pendant 53 jours.

1. « Analyse des facteurs ayant contribué à la baisse de la mortalité périnatale en Finlande ».

Ont été visitées les régions d'Helsinki, Oulu et Turku ; ont été rencontrés des responsables du ministère de la Santé, des obstétriciens, des pédiatres, des infirmières dans les Centres hospitaliers, des responsables de la protection maternelle et infantile, des agents administratifs, des sages-femmes et des infirmières travaillant dans les Centres de santé, notamment ceux de Liminka et Pargas-Parainen.

1. RÉSULTATS GLOBAUX EN MATIÈRE DE MORTALITÉ PÉRINATALE ET INFANTILE EN FRANCE ET EN FINLANDE

La Finlande, qui en 1965 a un niveau encore moyen en matière de mortalité périnatale et infantile, moins bon que ceux de la Suède, de la Suisse et des Pays-Bas par exemple, a considérablement amélioré ses résultats au cours de la dernière décennie ; la mortalité infantile y a diminué de moitié en dix ans, passant de 14,3 en 1969 à 7,7 pour mille en 1979. La mortalité périnatale a fait le même bond remarquable de 18,9 à 9,5 pour mille.

La France, grâce aux efforts accomplis au cours des dix dernières années, a une mortalité infantile qui a également diminué de près de moitié, passant, pour les mêmes années 1969 et 1979, de 19,6 à 10,1 pour mille, alors que la mortalité périnatale passait de 25 à 13,7 pour mille.

2. ORGANISATION GÉNÉRALE DE LA SANTÉ EN FINLANDE

A. — Les centres de santé.

Jusqu'en 1970, les Finlandais se sont surtout attachés à promouvoir leurs hôpitaux. 90 % des dépenses de santé y étaient consacrés, alors que 10 % seulement étaient consacrés à la santé primaire. Ceci avait abouti à une croissance des dépenses de santé à un rythme deux fois supérieur à celui du produit national brut, sans que soit améliorée de façon notable la santé de la population adulte et avec de grandes disparités selon les régions. Un système de planification adopté en 1970, complété par une loi de la santé publique en 1972, a abouti à une meilleure organisation des soins primaires dont la responsabilité a été confiée à l'autorité communale.

La commune doit édifier seule, ou avec le concours de communes voisines, un Centre médical. Le seuil démographique minimum pour ces Centres est de 10 000 personnes. Egalement répartis sur l'ensemble du territoire, ils sont actuellement environ 250. La gestion de ces Centres relève de la compétence d'un comité de la santé dont les responsables sont choisis parmi les élus locaux. L'Etat fournit une participation qui, selon les ressources de la commune, peut varier de 40 à 70 %. En 1978, ces Centres ont employé 29 000 personnes. La plupart disposent d'au moins quatre médecins. Ces Centres de santé ont la responsabilité des soins médicaux primaires, de l'hygiène publique, et notamment dentaire, de la santé maternelle et infantile, de la santé scolaire et universitaire. Ils disposent de quelques lits d'hospitalisation, en moyenne 2,5 pour 1 000 habitants.

La part de l'Etat dans le fonctionnement de ces Centres médicaux a parallèlement augmenté au cours de ces dix dernières années. Elle est à l'heure actuelle d'environ la moitié de la somme allouée aux hôpitaux.

B. — Les hôpitaux.

Outre les 171 hôpitaux des Centres médicaux auxquels il a déjà été fait allusion, et qui reçoivent essentiellement des personnes âgées, il y a en Finlande 36 hôpitaux généraux, 16 hôpitaux principaux et 5 hôpitaux universitaires. Comme les Centres de santé, les hôpitaux dépendent de l'autorité communale. La charge incombant aux patients est minime, de l'ordre de 18 à 24 marks finlandais par jour, somme payée par la commune pour les personnes indigentes. Le nombre total des admissions pour l'ensemble des Centres hospitaliers sans exception s'élève à environ 1,2 million par an. Les 21 hôpitaux principaux et universitaires sont également répartis sur le territoire de manière à couvrir un rayon d'environ 80 kilomètres, à l'exception de l'hôpital de Rovaniemi qui dessert le territoire plus étendu mais très peu peuplé de la Laponie.

3. SURVEILLANCE DE LA GROSSESSE ET ORGANISATION DE L'ACCOUCHEMENT

La surveillance de la grossesse est assurée essentiellement, au moins au cours des premiers mois, dans les Centres de santé. Ceux-ci disposent pratiquement tous, à l'heure actuelle, d'une équipe de sages-femmes assurant les consultations et les visites à domicile. L'examen de la femme enceinte a lieu tous les mois, puis tous les quinze jours à partir de la 22e semaine, puis toutes les semaines au cours des derniers mois. Cet examen est gratuit. Le nombre moyen des consultations par grossesse est de 16. Dans la région d'Oulu, ce chiffre s'est élevé au cours de l'année 1980 à 18, avec 3 consultations du médecin et 15 de la sage-femme. Les femmes finlandaises ne peuvent choisir le Centre où elles seront suivies. Elles se rendent à celui qui est le plus proche de leur domicile. Dès qu'une anomalie est constatée, la future mère est envoyée en consultation au Centre hospitalier.

Les indications de la consultation obstétricale au Centre hospitalier sont très nombreuses et aboutissent en pratique à diriger vers l'hôpital toutes les grossesses à risques.

99,9 % des accouchements se font à l'hôpital. Plus le risque est important, plus l'établissement est équipé en matériel et en hommes. Ainsi les mères diabétiques et hypertendues accouchent, elles, pratiquement toujours dans les Centres hospitaliers universitaires. A l'inverse, les grossesses sans aucun problème sont surveillées et menées à terme dans les petits hôpitaux.

Bien que 90 % des femmes travaillent, l'allaitement est très populaire en Finlande. Il est pratiqué par 90 % des mères à leur sortie de la maternité. Une étude récente montre que le nombre de femmes qui allaitent leur enfant est croissant et qu'en 1979, 72 % des mères allaitaient plus de trois mois.

A la naissance, toutes les mères reçoivent un colis permettant de vêtir et de couvrir l'enfant pendant les premières semaines [1]. Il semble que ceci soit particulièrement apprécié des familles, notamment en milieu rural.

Soins apportés aux nouveau-nés après la naissance

Lorsque l'enfant naît dans un hôpital local, les premiers soins sont donnés par l'obstétricien, la sage-femme ; l'examen du nouveau-né est la plupart du temps pratiqué par un généraliste [2]. Pour les hôpitaux régionaux, il n'y a pas encore à l'heure actuelle partout des pédiatres, mais leur implantation se fait régulièrement depuis quelques années et, dans un avenir proche, cet objectif devrait pouvoir être réalisé. Dans les hôpitaux centraux et universitaires où se déroulent 72 % des accouchements, l'équipe pédiatrique est en place. A la maternité de l'Institut national d'obstétrique d'Helsinki, la garde de nuit et de week-end est assurée par téléphone par les quatre pédiatres à temps plein. En attendant leur arrivée (ils peuvent être présents en 15 mn), c'est le

1. Il est fourni par l'Etat et n'est pas l'objet d'une vulgaire publicité comme le font certaines maisons de lait en France.
2. Idée que nous relevons, puisque en France c'est normalement le pédiatre.

résident d'obstétrique qui fait les premiers gestes, la sage-femme peut ventiler au masque, mais c'est le résident qui intube et place le cathéter veineux ombilical. Tous les nouveau-nés par césarienne sont systématiquement placés sous monitorage pendant quelques heures. L'examen clinique est pratiqué au premier et au huitième jour avant la sortie. L'hospitalisation dans les unités néonatales, étant donné leur proximité des grosses maternités, est fréquente ; à la maternité de l'Institut d'obstétrique d'Helsinki, en 1980, sur 4 173 naissances, 800 nouveau-nés ont été hospitalisés dans les unités néonatales, soit près d'un enfant sur cinq. Les Unités de réanimation néonatale sont, sur le plan de l'équipement, superposables à celles que l'on voit en France, mais avec un personnel médical certainement moins fourni. Au cours de notre visite dans les trois principales Unités de réanimation néonatale de Finlande, nous n'avons vu que deux nouveau-nés intubés et ventilés, un à Turku et l'autre à Helsinki. Cette situation est assez inhabituelle, mais elle concorde bien avec la diminution générale de la prématurité — autour de 3 % — et avec la diminution générale de la souffrance fœtale et des maladies liées à la prématurité, notamment la détresse respiratoire idiopathique. Tous les enfants de moins de 1 250 g sont reconvoqués systématiquement à 4, 9, 15 et 18 mois, et ensuite de façon un peu plus espacée jusqu'à leur entrée à l'école. Sont également reconvoqués entre 6 et 12 mois tous les enfants dont l'Apgar [1] était inférieur à 5, ceux qui ont été sous respirateur, ceux dont l'hémoglobine était basse, les incompatibilités rhésus qui ont subi plus de trois exsanguino-transfusions, les infections néonatales... Toutes les familles répondent à cette convocation [2]. La surveillance ultérieure de l'enfant se fera

1. Estimation de l'état de souffrance du nouveau-né.
2. Impensable en France !...

essentiellement dans les Centres de santé ; c'est là notamment que seront effectuées les vaccinations, à l'exception du B.C.G. qui est administré par voie intradermique à la sortie de la maternité. C'est dans ces Centres également que sont effectués les soins dentaires qui sont gratuits jusqu'à l'âge de 17 ans [1].

4. *Comparaison avec le système français*

En France, la législation prévoit à l'heure actuelle quatre examens prénataux obligatoires qui sont pris en charge à 100 %. Toutes les femmes n'en profitent pas encore, puisqu'une enquête de l'I.N.S.E.R.M. menée en France en 1972 a montré que 12 % des femmes n'ont eu cette année-là que trois visites ou moins. En 1976, il y avait encore 8 % des femmes enceintes qui n'avaient pas subi ces quatre examens obligatoires. Une amélioration très nette de la surveillance a été obtenue en France depuis la loi du 12 juillet 1979 qui prévoit l'exonération du ticket modérateur pour tous les examens et soins dispensés aux femmes enceintes à partir du sixième mois. La surveillance de la grossesse est assurée dans notre pays à la fois par des praticiens privés et par les consultations dans les Centres hospitaliers. Il est difficile de chiffrer la part qui revient à chacun des deux secteurs, en tout cas les consultations dans le cadre de la Protection Maternelle et Infantile (P.M.I.) sont très peu importantes par rapport au nombre total des examens de la femme enceinte. Au cours de l'année 1978, dans les 410 postes de consultation prénatale de la P.M.I., il y a eu 33 348 séances de consultation et 522 008 examens cliniques (il y a eu cette année-là en France 736 000 naissances). La surveillance à domicile des femmes enceintes est prévue par le décret du 5 mai 1975, elle est assurée

---

1. C'est contre un tel système que s'élèvent en France les praticiens « libéraux ».

par des sages-femmes recrutées par le service de P.M.I. Le dernier recrutement du 31 décembre 1978 dénombrait 171 postes de sages-femmes à domicile sur l'ensemble du territoire.

Le congé de maternité dure 18 semaines : en principe, 8 semaines de congé prénatal et 10 semaines de congé postnatal. Lors d'une grossesse pathologique ou de grossesses multiples, le congé de maternité est prolongé. Pendant toute la durée de ce congé, la mère reçoit des indemnités journalières équivalentes à 90 % du salaire de base, dans la limite du plafond.

Les chiffres concernant la mortalité périnatale ont été mentionnés : 9 pour mille en 1981 pour la Finlande, 13 pour mille pour la France.

Le chiffre de mort maternelle (selon le docteur Nicollet) est en France, de 1969 à 1979, de 0,35 pour mille contre 0,13 pour mille en Finlande. Cette différence est très significative.

5. *Analyse des causes principales du succès finlandais*

L'homogénéité de la population est certainement une des raisons du succès de la politique périnatale et infantile en Finlande. 7 % de la population est d'origine suédoise et a conservé cette langue maternelle, mais ses habitudes sont tout à fait comparables à celles des Finlandais et toutes les instructions à tous les niveaux sont toujours données aussi bien en suédois qu'en finlandais ; il n'y a donc, à ce niveau, aucun problème linguistique. Les Lapons sont très peu nombreux, environ 20 000. On peut donc dire qu'il n'y a pas de population immigrée en Finlande. La tâche des responsables de la Santé en est certainement facilitée. Cette population homogène a une grande confiance en son système de santé. Les infirmières et les sages-femmes, dont certaines sont en place depuis fort longtemps dans les Centres de santé, connaissent très bien la population et

142

participent activement, avec les médecins, à la prévention. Elles ont joué notamment un rôle considérable dans la généralisation de l'allaitement maternel et la régulation des naissances.

La clé de voûte de la réussite de la prévention de la morbidité et de la mortalité néonatales en Finlande se situe au niveau des *Centres de Santé*. Très décentralisés et soumis à l'autorité communale, ces Centres permettent le dépistage précoce du risque obstétrical. La fréquence des visites et des consultations, à l'heure actuelle supérieure en moyenne à 15 par grossesse, permet d'éviter toute rupture dans la surveillance. *La pyramide hospitalière*, avec l'aiguillage constant des plus hauts risques vers les maternités les mieux équipées, constitue la deuxième raison majeure de l'amélioration des conditions de la naissance en Finlande. Dans les résultats obtenus, la qualité des soins apportés aux nouveau-nés, d'ailleurs excellents, constitue un complément utile mais certainement beaucoup moins significatif sur le plan statistique.

Les dépenses pour parvenir à un tel résultat ne sont pas excessives si on les compare à celles de la plupart des pays occidentaux, à cette réserve près que les salaires infirmiers nous ont paru insuffisants.

6. *Propositions*

L'homogénéité du peuple finlandais, le sens civique bien connu des Scandinaves ne permettent pas d'imaginer une transposition en France de l'organisation finlandaise. Le système de soins est très différent dans notre pays, la surveillance des grossesses est assurée en de multiples lieux, à la fois privés et publics. Néanmoins, les réalisations finlandaises permettent de faire un certain nombre de propositions :

— Augmentation du nombre des visites obligatoires pour la surveillance de la grossesse. Une expérience menée à l'initiative du professeur A. Minkowski par le docteur Spira dans les communes d'Aulnay-sous-Bois et du Blanc-Mesnil vient de montrer qu'une surveillance mensuelle de la grossesse était parfaitement réalisable dans les conditions actuelles ; menée au cours de l'année 1976, cette surveillance mensuelle a permis d'abaisser le taux de la mortalité périnatale dans cette région à 12,9 pour mille, alors qu'elle était de 16,6 pour mille pour l'ensemble de la France. Cette fréquence mensuelle semble d'ailleurs bien un minimum et il est évident que dans la période qui suit le sixième mois, les grossesses à risques doivent bénéficier de consultations plus fréquentes.

— Le recrutement de sages-femmes par les services départementaux de protection maternelle et infantile pourrait être augmenté. Ces sages-femmes peuvent en effet assurer à domicile la surveillance des femmes enceintes à risques médico-sociaux, en collaboration avec les médecins hospitaliers ou libéraux qui continueraient de suivre ces femmes.

— Il est souhaitable que les hauts risques dûment décelés et surveillés soient orientés vers les Centres les mieux équipés. On l'a vu, une telle politique n'aboutit pas forcément à la suppression des maternités de moyenne importance, mais elle suppose que ces maternités adressent vers les Centres hospitaliers régionaux toutes les grossesses à risques. Un obstacle peut être rencontré auprès des mères qui, très souvent en France, souhaitent accoucher dans la ville où elles habitent. Il ne faut pas perdre de vue que pour 90 % d'entre elles, ceci reste possible. Pour les 10 % restants, il est très vraisemblable qu'une bonne information convaincrait aisément les plus réticentes. Il faut également convaincre les obstétriciens du bien-fondé de la concentration des moyens en équipement et en hommes. Conserver à chaque petite ville une seule maternité d'importance moyenne

144

pour assurer la naissance sur place de 50 % de ses
enfants, rassembler dans les grandes villes les équipes actuellement séparées, dont certaines assurent
avec peu de moyens moins de 500 accouchements
par an, et leur offrir ainsi de meilleures conditions de
travail, ce ne sont pas des vœux irréalistes. Outre les
avantages indiscutables concernant le taux de mortalité périnatale, auquel est toujours parallèle celui
de la morbidité néonatale, une telle politique abouti-
rait certainement à une diminution des coûts.

7. *En conclusion*

La France dispose d'équipes obstétricales et néonatales de qualité qui lui ont permis des progrès
considérables au cours des dix dernières années.
Pour améliorer encore ces résultats et nous rapprocher de ceux de la Finlande, il semble nécessaire à la
fois de décentraliser les grossesses à risques vers des
unités bien équipées, équitablement réparties sur
l'ensemble du territoire.

IX

Comment aborder
le diagnostic prénatal ?

Dans la majeure partie des cas, les grossesses ne sont pas des événements pathologiques et doivent se terminer heureusement par la naissance d'un enfant en bon état ; mais il ne paraît pas possible, dans une société concernée, motivée, informée, de passer sous silence l'importance des malformations congénitales, car une partie d'entre elles sont inévitables. Nous ne nous plaçons pas ici sous l'angle de tout ce que l'on a pu éviter par la prévention : accidents dus à une grossesse difficile, mal suivie, ou à un accouchement qui se présente mal. Nous parlons là de ce qui est inéluctable, soit que l'origine héréditaire est en cause, soit que l'origine elle-même n'en est pas connue. C'est ainsi qu'il faut systématiquement prévoir en France, quoi qu'il arrive, que sur les 700 à 750 000 naissances qui sont les taux récents, 1,5 pour cent des enfants seront porteurs de malformations congénitales entrant pour environ 17 % dans toutes les causes de mort néonatale.

Ce sont là bien entendu des malformations importantes, avec une grosse signification, et non pas de petites anomalies comme un doigt ou un orteil

147

surnuméraire ou de petites brides ou de légers défauts visibles [1]. Nous parlons de choses qui entravent la vie ou l'autonomie de l'enfant, à savoir une malformation du système nerveux central (du cerveau ou de la moelle épinière), des anomalies chromosomiques du type de la trisomie 21 ou mongolisme, ou encore de maladies génétiques du type de la mucoviscidose, la maladie de Tay-Saks, la myopathie, l'anémie à hématies falciformes, l'hémophilie, etc.

Heureusement, un certain nombre de ces malformations entraîneront une fausse couche spontanée : c'est en particulier le cas des aberrations chromosomiques et des défauts du développement. Ce n'est pas céder à la panique que d'être vigilant et averti. Il y aura toujours des risques dans l'existence. Un enfant peut parfaitement naître en bon état et être sujet à des accidents gravissimes dans les années qui suivent. Par conséquent, il ne sert à rien de ne pas avoir réfléchi à l'avance à ce que l'on va faire en pareille occurrence, plutôt que d'être pris au dépourvu. Ce sont des dispositions d'esprit qu'il faut s'habituer à avoir, plutôt que d'édulcorer systématiquement cette vision, de la passer aux profits et pertes ou à l'oubli, et de considérer que la grossesse se déroule toujours comme dans *Lisez-moi bleu* ou *Cœur pensif ne sait où il va...*[2].

Aux Etats-Unis, la prise de conscience est si forte qu'un médecin qui n'aurait pas averti, par une analyse soigneuse, par un interrogatoire méticuleux, une famille des risques de malformation héréditai-

---

1. Tels « une tache de vin ».
2. Ou dans quelques ouvrages à succès qui participent de l'abrutissement culturel de la femme enceinte...

res qu'elle encourt, est passible de poursuites judiciaires. Peut-être les Français trouveront-ils que cela va trop loin, mais telle est néanmoins la manière qu'ont les Américains de valoriser l'examen médical systématique et de respecter la personne humaine.

Environ 75 maladies innées du métabolisme héréditaire sont maintenant diagnosticables par l'amniocentèse précoce et la culture des cellules du liquide amniotique. C'est à la fois beaucoup pour ceux qui pourraient ainsi demander une interruption volontaire de grossesse, et peu par rapport aux quelques centaines de maladies héréditaires connues que l'on ne peut pas, pour l'instant, diagnostiquer.

Mais ce n'est là qu'un moyen. Il convient d'ajouter que cette amniocentèse précoce ne peut pas être faite systématiquement aux 750 000 femmes enceintes françaises ; il faut qu'il y ait déjà une histoire anormale ou pathologique, soit lors des grossesses précédentes, soit dans les familles, pour qu'on ait l'attention attirée. Ce qui forcément expose, il faut bien le reconnaître, un certain nombre de femmes à avoir un enfant anormal sans qu'elles aient pu le prévoir. D'un autre côté, cette ponction n'est pas de risques absolument nuls pour le fœtus. Une fausse couche est ainsi possible. Nous connaissons l'histoire d'une femme qui, à 38 ans — puisque c'est l'âge à partir duquel le risque de mongolisme augmente statistiquement de façon très nette — avait discuté de la possibilité d'une amniocentèse avec son médecin. Mais comme elle avait fait une fausse couche auparavant, d'un commun accord et après discussion, ils ont préféré ne pas risquer une nouvelle fausse couche par cette ponction. Il se trouve que cette femme, après avoir pourtant discuté avec son

149

médecin en son âme et conscience, a donné naissance à un mongolien [1].

Cet exemple illustre les difficultés psychologiques, sociologiques, familiales qui entourent toujours le diagnostic prénatal. Celui-ci demande non seulement de la technique, mais une connaissance bien particulière des familles, et une certaine manière de parler qui compte au moins pour 50 % dans ce genre de consultation.

Nous voudrions donner comme exemples l'activité de Mme Nivelon à Dijon, l'activité de Mme Briard à Paris, pour ne citer que des femmes qui, à notre avis, sont techniquement équipées, mais surtout psychologiquement conscientes des mots imprudents qu'il convient de ne pas prononcer. Il est certain que, personnellement, je ne me sens pas capable de donner un conseil génétique circonstancié. Je raconterai plus tard comment, dans un certain nombre de cas, j'ai été amené à faire prendre aux gens des risques sans savoir exactement quelles pouvaient en être les conséquences. Je ne dis donc pas du tout que mon exemple doive être suivi. Dans ce domaine, l'habitude, l'expérience, la connaissance d'un couple sont aussi importantes que le savoir technologique.

D'autres examens, la fœtoscopie et l'aspiration placentaire, sont encore plus risqués que le précédent, mais peuvent permettre de diagnostiquer une maladie du sang. Il faut donc les réserver à des cas de suspicion suffisante. Le dosage de l'alphaprotéine dans le liquide amniotique et dans le sérum peut permettre de découvrir dans 90 % des cas une

---

1. Les risques sont encore plus grands s'il y a des jumeaux, car il faut faire alors deux ponctions.

malformation du système nerveux. Enfin, la seule technique « non invasive », non dangereuse, qui peut être largement utilisée mais qui ne donne que des renseignements tardifs, est l'exploration aux ultrasons (échographie).

Alors qu'il est tout à fait entré dans les mœurs aux Etats-Unis, le diagnostic prénatal est encore en France une technique d'avant-garde. Il soulève des questions très importantes sur le plan psychosocial et sur le plan de la santé publique. Il implique une politique particulière et requiert un contrôle des laboratoires et de l'attitude des personnes responsables. Tout cela doit être d'une très grande qualité, doit tout à la fois avoir tendance à se généraliser et ne pas se trouver gâché, car des questions de financement sont aussi en jeu...

Nous voudrions dresser une liste des facteurs qui imposent une certaine réserve face à ces technologies : absence de compétence professionnelle ; début de la surveillance obstétricale après le cinquième mois de la grossesse ; attitudes professionnelles et publiques vis-à-vis de la santé et de la médecine préventive, comme celle du médecin qui ne veut attenter à la vie sous aucun prétexte ; disponibilité limitée des technologies ; disponibilité limitée du personnel conseilleur ; contraintes financières.

Ces réserves entraînent un certain nombre de recommandations : une politique d'ensemble de l'expansion technique, coordonnée avec le développement d'une formation sanitaire ; l'établissement de nouveaux laboratoires, la formation du personnel en fonction des possibilités financières ; le développement des systèmes de standardisation ; l'orientation vers une surveillance beaucoup plus précoce sur

le plan obstétrical, et même de la pré-conception.
Quelques particularités ont trait à l'amniocentèse
précoce. Celle-ci devrait s'appliquer ainsi :

1 — dans les grossesses chez les femmes de 37 ans
ou plus (en Amérique, c'est 35 ans : cette limite est à
discuter) ;

2 — lorsqu'une grossesse antérieure s'est terminée
par la naissance d'un enfant ayant une anomalie
chromosomique ;

3 — en cas d'anomalie chromosomique connue
chez l'un des parents ;

4 — lorsqu'il y a mongolisme ou anomalie chromosomique chez un membre de la famille ;

5 — en cas d'histoire d'avortements multiples,
trois ou plus, spontanés dans le mariage actuel ou
dans le mariage précédent d'un des deux conjoints ;

6 — en cas de naissance antérieure d'un enfant
porteur de multiples malformations ;

7 — chez les femmes avec des parents mâles
atteints de myopathie, d'hémophilie sévère, ou de
toutes sortes de porteurs avec risques accrus de
gènes délétères couplés à X ;

8 — chez des couples avec des risques détectables
d'erreur innée de métabolisme (autosomique réces-
sive) ;

9 — en cas de grossesses avec un risque accru de
malformations fœtales du système nerveux.

Bien des possibilités peuvent se présenter une fois
les parents avertis. Ils peuvent alors tenter leur
chance en toute connaissance de cause, ils peuvent
au contraire renoncer à toute reproduction ultérieure, ce qui nécessite des discussions concernant la
contraception, la stérilisation, l'interruption volontaire de grossesse. Ils peuvent pencher vers une
adoption (à ce propos, il faut souligner combien la

procédure en est difficile en France). Ils peuvent envisager une insémination artificielle si elle est possible. Ils peuvent enfin envisager une combinaison entre les possibilités précédentes, ou varier dans leur attitude.

De toute façon, ces personnes requièrent une attention assidue. En l'état actuel des choses, elles sont trop livrées à elles-mêmes, alors qu'elles auraient besoin d'être écoutées, aidées. Il est certes des familles pour qui, au contraire, c'est l'occasion d'envisager ensemble les risques de l'existence. Bien sûr, l'amour à lui seul, s'il est profond, est capable de faire surmonter toutes ces difficultés. Ailleurs, on évoque la catastrophe que cela peut représenter, on laisse libre cours au sentiment de culpabilité, au désespoir, à l'anxiété ou à d'autres manifestations moins nobles — comme lorsque les familles s'envoient leur hérédité à la figure, attitude qui n'est au demeurant pas exceptionnelle.

Au fond, la vie moderne nous prépare mal à l'épreuve. Le fait de ne pas laisser ces gens tout seuls ne veut forcément pas dire qu'ils démissionnent devant la difficulté ; mais ils sont victimes de la recherche de la sécurité à tout prix, de l'excès de programmation, de toute une série de développements inhérents à l'évolution de la société industrielle où seule compte la rentabilité et où les personnes handicapées ne sont pas véritablement des citoyens, en particulier en France. Il faut donc passer beaucoup de temps à voir et revoir ces personnes, leur donner des exemples de familles qui ont surmonté l'épreuve, et force est de dire qu'une fois de plus, ce n'est pas notre formation médicale ultratechnologique qui nous prépare le mieux à assumer un tel rôle.

Pour ce qui est de la notion de risques imprévisibles, et des possibilités qui s'offrent aux parents qui comptent absolument avoir un enfant normal, il faut bien distinguer entre trois catégories : les premiers, qui ne sont pas rares, sont à l'heure actuelle les gens qui ne veulent pas envisager le moindre risque, même quand celui-ci est minime, et qui, par conséquent, de toute façon, demanderont une interruption volontaire de grossesse qu'on pourrait dire « aveugle ». (Mais l'idée de laisser les femmes passer toute leur grossesse dans la panique — comme ç'a été le cas par exemple à Seveso où l'on a fait par ailleurs avorter une quarantaine de femmes pour rien — n'est pas acceptable.)

Une deuxième catégorie, au contraire, est extrêmement rare de nos jours : il s'agit de ceux qui, de toute façon, se montrent fatalistes, qui considèrent qu'on n'a pas le droit d'attenter à la vie d'un être humain et qui, dans ces conditions, prendront tous les risques. Il faut bien dire que lorsque j'étais praticien, j'ai vu des femmes — en particulier américaines, australiennes, anglaises — refuser l'avortement après une rubéole certaine ; le risque n'étant que de 1 sur 3, cela leur laissait, dans leur idée, deux chances sur trois d'avoir un enfant en bon état.

La troisième catégorie, la plus importante, est celle de personnes complètement perdues, « paumées », en plein désarroi, qui ne savent pas quelle décision prendre. Pour cette catégorie-là, il est certain que le médecin est quelquefois amené à orienter le conseil, même s'il y a risque. J'évoquerai ici mon expérience personnelle, sans nécessairement la transmettre, par quelques exemples pris dans des familles où la mère tenait absolument à avoir un enfant alors que le père voulait tout arrêter, car il faut bien tenir compte chez une femme du désir profond de maternité, même en cas de risque.

Une femme est venue me voir, il y a une vingtaine d'années, après avoir perdu trois de ses enfants dans des conditions relativement identiques : ceux-ci naissaient à terme, et, au bout de quelques jours, commençaient à montrer des signes très anormaux, alors qu'à la naissance ils paraissaient en bon état. Ils finissaient par mourir rapidement. Il s'agissait assurément d'une maladie héréditaire, mais laquelle ? Et comme je constatais que cette femme exprimait encore un désir de maternité, sans que nous pussions faire de diagnostic exact à l'époque, nous avons décidé ensemble d'envisager une autre grossesse et de faire un déclenchement 15 jours avant, ce qui pouvait alors paraître hasardeux. De cette façon, nous avons extrait un enfant vivant qui, très rapidement, s'est avéré atteint de déperdition de potassium importante, à laquelle nous avons remédié, et l'enfant a guéri. Maintenant il est adulte et va parfaitement bien. Il a eu un frère par la suite, qui ne fut pas atteint.

Cette histoire assez obscure, non diagnosticable à l'époque, s'est terminée relativement heureusement. Mais dans le cas suivant, une femme a mis au monde un hydranencéphale, c'est-à-dire un enfant dont la cavité crânienne ne contenait presque exclusivement que de l'eau, le cerveau n'existant presque pas. Comme les risques de récidive nous paraissaient alors minimes, nous avons conseillé à cette femme d'avoir un autre enfant, et la seconde grossesse a été suivie encore une fois d'une hydranencéphalie. Notre conseil était catastrophique...

Une de nos externes avait perdu un premier enfant

atteint de mucoviscidose. Or c'est une maladie grave qui peut finir par tuer, qui empoisonne toute l'existence de l'enfant et celle des parents avec des infections pulmonaires à répétition, rendant l'enfant pratiquement infirme. Cette jeune femme était enceinte de quatre mois et elle avait une chance sur quatre d'avoir un autre enfant atteint. La séquence des anomalies était imprévisible, et le diagnostic était alors impossible par ponction amniotique ou par toute autre forme d'examen. Cette femme m'a demandé si elle devait continuer à porter son enfant ou bien faire un avortement tardif, qui d'ailleurs n'était pas possible en France. Je lui ai dit qu'il serait catastrophique pour la suite des événements qu'elle ruine la possibilité d'avoir un enfant qui, cette fois, pouvait être normal. Le sort a voulu qu'effectivement l'enfant qu'elle portait ne soit pas atteint. Elle avait eu besoin de quelqu'un qui la soutienne dans le risque pris.

Tout récemment, une femme de 44 ans est venue me voir. Elle avait déjà un enfant de 23 ans, mais en raison d'un nouveau procréateur, elle envisageait une grossesse à un âge qui lui paraissait tardif et plein de risques pour l'enfant. Elle était en proie à une telle anxiété que je n'avais guère tendance à lui conseiller une grossesse. Or, en l'interrogeant, j'ai découvert qu'elle avait été enceinte à 42 ans et qu'elle était tombée sur un accoucheur d'Enghien qui lui avait dit sans ambages : « Pas question pour vous d'être enceinte à 42 ans, nous allons procéder à une I.V.G. » Ce qui fut fait sans que la patiente ait eu un mot à dire. Or, malgré les risques, une grossesse à 44 ans peut être envisagée — mais, cela va sans dire, sous étroite surveillance.

Un couple est récemment venu me voir du Maroc.

Ses enfants avaient été atteints d'une maladie dont la fréquence est de un sur quatre : épidermolyse bulleuse. Les parents en avaient déjà perdu deux, ils hésitaient. Peut-être fallait-il conseiller une nouvelle grossesse, et c'est justement ce que la mère désirait recevoir comme conseil. Sur l'instant, j'ai parié sur cette chance en disant « Inch'Allah ! » Tel est ce genre de consultation où le médecin se trouve devant des parents complètement désemparés, ne sachant quoi faire, et essaie de pousser dans un sens ou dans un autre selon la sensibilité du couple[1].

Dans ces cas-là, il faut disposer de beaucoup de temps et éviter au cours de l'entretien de dresser un des membres du couple contre l'autre, une famille contre l'autre, et, bien entendu, exclure les belles-mères, beaux-pères, belles-sœurs, qui doivent toujours être tenus à distance. Il faut que les dossiers soient également strictement confidentiels — a fortiori à une époque où l'existence de multiples fiches donne à l'administration la possibilité d'accéder à des renseignements qu'elle ne devrait jamais posséder.

En ce qui concerne la décision d'interruption volontaire de grossesse, il ne faut pas croire que, même quand le diagnostic est fait, une femme soit prête à subir un traumatisme de ce genre. Il ne faut pas oublier que toute interruption volontaire de grossesse implique la supression d'un être vivant qui ne peut pas exprimer son avis[2]. Je rappelle que le risque d'avoir un enfant « anormal » est de toute façon statistiquement moins grand que celui d'avoir

1. Celle de la mère n'étant pas forcément celle du père.
2. Nous le rappelons d'autant plus volontiers que nous avons collaboré à l'élaboration de la loi sur l'interruption volontaire de grossesse.

un enfant « normal », même dans le pourcentage de un sur quatre qui est le pourcentage de risque maximum.

Il faut également souligner qu'un certain nombre (de plus en plus grand) de malformations congénitales peuvent être soupçonnées ou affirmées de façon plus ou moins précoce pendant la grossesse, grâce à des méthodes diagnostiques de plus en plus performantes, ce qui implique que le médecin s'adapte à des situations nouvelles, souvent difficiles, vis-à-vis des parents, et que son attitude soit différente s'il y a :

— seulement suspicion,

— anomalie certaine mais curable,

— anomalie certaine engageant le pronostic initial de l'enfant,

— malformation totale immédiatement incurable,

— enfin possibilité de retentissement intellectuel après la naissance.

Je souhaite que ces possibilités extraordinaires des méthodes de diagnostic prénatal visent avant tout à faire diminuer le nombre d'enfants handicapés ou malformés, et à permettre à des couples qui, compte tenu de leurs antécédents, n'osent pas se lancer dans l'aventure d'une grossesse, de le faire dans des conditions raisonnables et peu risquées, sans tomber dans une programmation excessive.

L'obscurantisme a encore cours en France, mais le droit à l'information est de plus en plus revendiqué dans ce genre de domaine. A l'heure actuelle, beaucoup de couples sont avides de renseignements qui leur permettent de se montrer prévoyants. Pour ceux qui voudraient en savoir davantage, nous recommandons l'excellent livre du professeur Robert sur *Les maladies héréditaires*[1], et pour ceux qui appartiendraient au corps médical et qui voudraient être plus instruits, il nous paraît que la meilleure publication à ce jour est : *Antenatal diagnosis*, publiée par l'US Department of Health Education (Bethesda, National Institute of Health, Maryland) sur un colloque d'une très haute tenue qui a eu lieu en mars 1979.

Le deuxième grand volet du diagnostic prénatal est la reconnaissance du degré de maturation fœtale, et, par conséquent, dans une certaine mesure, de la possibilité de survie. L'amniocentèse, avec l'évaluation des constituants chimiques de l'élasticité pulmonaire qui apparaissent dans le liquide amniotique, permet de savoir en gros si un enfant sera capable de respirer sans difficultés, ceci à partir de 34 à 35 semaines comptées à partir du premier jour des dernières règles.

Au cas où l'enfant naîtrait avant terme, les moyens modernes de soins intensifs, avec la ventilation artificielle au moyen de machines et l'alimentation par voie intraveineuse, permettent de récupérer des enfants de très faible poids, autrefois considérés comme non-viables (jusqu'à 700 g).

Enfin, l'usage des ultrasons, ou échographie, a transformé les données de l'information sur la vie intra-utérine : l'appréciation du degré de maturation, des dimensions du crâne et donc de son développement, la préconnaissance de certaines

1. Aux éditions du Seuil.

malformations congénitales, sont depuis quelques années passées dans la pratique courante.

Un troisième volet du diagnostic prénatal réside dans l'appréciation de la souffrance fœtale pendant un accouchement. Il s'agit ici de l'appréciation par différents moyens, et en particulier par l'enregistrement continu de son rythme cardiaque, des signes de détresse du fœtus. Ces signes de détresse peuvent annoncer un risque de mort de l'enfant au cours de l'accouchement, mais surtout de lésions cérébrales définitives, hantise majeure de toute notre génération. Nous ne voulons plus rendre à la famille un enfant prématuré ou gravement handicapé à terme. Quand je dis « nous ne voulons plus », j'irais même plus loin : dans l'idéal, nous voudrions pouvoir l'éviter à 100 %. Ce n'est pas encore le cas, mais, compte tenu des progrès de la science moderne, c'est en partie réalisable. Les pédiatres diront tous que, chaque fois qu'ils voient un enfant définitivement handicapé par suite d'une mauvaise surveillance de la grossesse ou d'un accouchement qui s'est fait dans de mauvaises conditions, ils ne peuvent l'admettre.

Il n'est pas facile d'évaluer les handicaps psycho-moteurs graves dus aux accidents de la naissance. En gros — et en nous référant au document de base de l'Institut National de la Santé des Etats-Unis de Bethesda —, on peut déjà dire qu'un tiers des enfants porteurs d'un handicap psychomoteur pèsent moins de 1 500 grammes à la naissance — chiffre à comparer au taux de 6 à 10 % pour une population témoin. On voit bien ici le rôle détermin-nant du poids de naissance. En détaillant encore cela d'un peu plus près, on peut dire que le risque de handicaps psychomoteurs chez des enfants de 2 kg à

2,500 kg est augmenté de quatre fois par rapport aux témoins ; chez des enfants de 1 500 à 2 000 grammes de six fois ; et chez des enfants de 1 000 à 1 500 grammes, de dix fois.

Nous n'avons pas besoin, au vu de ces données, de revenir sur la signification capitale de la prévention, ni sur le problème majeur que représentent encore les grossesses qui n'auraient pas bénéficié d'une surveillance médicale parfaite, et les accouchements qui ne se seraient pas passés dans les meilleures conditions possibles [1].

En France, de nos jours, le taux des handicaps psychomoteurs, même dans la catégorie des enfants les plus petits, s'est singulièrement abaissé puisque dans notre unité de soins intensifs de Port-Royal, au cours de ces dernières années, pour la catégorie des enfants compris entre 700 et 1 200 grammes, la survie était de 65 à 70 % et le risque de séquelles graves de 5 à 8 %. C'est assurément un grand progrès, mais qui n'est pas complet. Il faut dire que quand il y a séquelles psychomotrices chez des prématurés ou après un accouchement qui s'est mal passé, celles-ci sont extrêmement graves, souvent l'enfant est à peine récupérable. Les séquelles mineures, nous ne les retiendrons pas, car elles sont partiellement ou totalement curables [2]. En Suède (qui est un pays pilote), on a constaté dans la prévention, au cours de ces dernières années, un remarquable déclin de la fréquence des paralysies spasmodiques des membres avec gêne de la marche ; par contre, on n'a pas observé d'amélioration corres-

1. En quelques années, ces risques de séquelles cérébrales, même chez les tout-petits, ont considérablement diminué.
2. Et laissent à l'enfant son autonomie.

pondante des taux de retard mental grave dû à ces désordres périnataux.

Si on se borne à étudier dans plusieurs contrées considérées comme développées les cas de retard mental sévère apparaissant tôt, on considère que les anomalies chromosomiques y entrent pour 36 %, les syndromes de malformation congénitale pour 20 %, les anomalies métaboliques génétiques pour 7 %, les causes prénatales pour 8 %, les causes périnatales tels que traumatisme de la naissance, asphyxie, le manque de sucre et les hémorragies intracrâniennes pour 8 %, les infections pré, péri et post-natales pour 6 %. Il faut bien remarquer la subsistance de cette dernière cause qui nous inquiète, dans la mesure où nous devrions en avoir raison grâce aux antibiotiques, ou grâce à la détection de petites infections repérées si possible avant l'accouchement (urinaires ou génitales)[1]. On constate qu'il reste encore 14 % de retards mentaux congénitaux d'origine inconnue, et qu'en ce qui concerne les causes pré, péri-natales et infectieuses acquises, nous en arrivons à 22 %. C'est un chiffre énorme si l'on veut bien songer que, grâce à tout ce que l'on sait aujourd'hui, on devrait pouvoir les éviter dans la majeure partie des cas.

Une forme particulièrement affreuse des accidents de la naissance à terme est ce que l'on appelle l'état de mal convulsif. Dans ces cas, l'enfant a des convulsions immédiatement repérables ou, au contraire, grâce à l'électroencéphalogramme systématique, on assiste à des tracés tout à fait anormaux. Quand, après 24 heures, le tracé est complètement plat, ce qui est grave chez un nouveau-né à terme, ou qu'il présente un aspect que Mme Dreyfus-

---

1. Nous devrions les dépister ou les prévenir.

Brisac a décrit comme paroxystique, on peut considérer que l'enfant n'a aucune chance de récupérer. Il peut mourir une fois sur deux, les autres fois il reste profondément atteint. C'est pourquoi, dans ces cas, il est préférable de ne pas appliquer de méthodes de réanimation à tout prix. L'étude menée dans notre unité par Mme Dreyfus-Brisac et ses collaboratrices a montré que l'avenir de ces enfants est complètement détérioré dans 90 à 95 % des cas, c'est dire qu'à peu de choses près, il n'y a aucun espoir. La plupart du temps, ces accidents graves sont dus à des accouchements traumatiques où des décisions appropriées n'ont pas été prises en temps voulu. Nous tentons de lutter à fond contre ce genre de catastrophe, car dans ces cas-là les examens cliniques, l'électroencéphalogramme et maintenant les examens ultrasons du crâne peuvent révéler l'étendue des lésions.

Hélas, trois fois hélas, dans notre service, il y a encore trop de ces cas-là, qui nous arrivent d'un peu partout. De province, de cliniques privées, quelquefois d'hôpitaux publics. En général, tout cela se perd dans l'anonymat, ou une sorte de maquis juridique quand il y a procès. Il y a pour ainsi dire peu de sanctions et il faut vraiment surveiller et contrôler ces établissements où des individus que l'on peut carrément qualifier de criminels poursuivent leur sinistre besogne.

Il n'en est que plus grave — comme l'ont prôné certains « écologistes » de l'accouchement, certains apôtres de la non-médicalisation, certains adversaires de la prétendue sur-médicalisation — de vouloir renoncer à deux formes d'examens dont un au moins devrait être rendu systématique — le monitorage électronique des bruits du cœur —, et l'autre rendu très fréquent : l'amnioscopie (celle-ci permet de voir, grâce à une petite ampoule lumineuse placée à l'intérieur des cavités génitales, si le liquide est clair, ce qui est relativement rassurant, ou s'il est teinté, ce qui est signe d'asphyxie). Nous ne décrirons pas ici les détails des signes qui doivent alerter l'obstétricien, parce qu'ils relèvent de la haute technologie qui n'est intéressante que pour les praticiens. Disons que, dans un certain nombre de cas où l'auscultation du cœur et l'examen clinique n'auraient pas permis de soupçonner quelque chose de grave, l'appareillage permet maintenant d'intervenir rapidement et de ne pas prolonger des manœuvres obstétricales difficiles si l'enfant souffre.

On rappellera à ce propos qu'il ne faut pas que l'expulsion elle-même, la phase terminale, dure plus d'un quart d'heure à vingt minutes, car il s'agit encore d'une phase qui peut s'avérer dangereuse. Dans les pays et dans les hôpitaux où l'on surveille de très près les grossesses à risques, le taux des césariennes a bien sûr augmenté et est passé de 5 à 10 %, voire même plus.

En fin de compte, on pourrait signaler parmi les facteurs de risques de mort néonatale ou, en cas de non-mort, de séquelles graves, l'âge gestationnel jeune, l'existence d'un gros excès de liquide pendant la grossesse, les anomalies du placenta et du cordon, les grossesses multiples non surveillées, le fait que l'enfant soit né dans un établissement de mauvaise qualité, la présentation par le siège, l'ethnie, l'âge maternel au-dessus de 40 ans, la parité, le nombre d'accouchements prématurés ou d'avortements antérieurs — avortements qui peuvent avoir été provoqués ou spontanés —, l'hypertension, le diabète, la rupture prolongée des membranes, l'iso-immunisation rhésus ou A.B.O., et des anomalies du travail, l'allongement de la première phase d'attente, le travail de la phase d'attente, l'allongement général du travail et l'arrêt du travail...

L'énumération de ces accidents ou de ces risques ne doit pas nous rendre pessimistes, seulement avertis. Et, pour terminer sur une note plus rose, nous décrirons succinctement les naissances à Port-Royal de quintuplés et de quadruplés en bonne et due forme : ce qui était autrefois un exploit relève *presque* aujourd'hui de la pratique courante...

C'est à propos des grossesses multiples que l'échographie permet à nouveau de suivre les événements avec précision. Autrefois, il n'était pas rare de voir l'accoucheur découvrir des jumeaux à l'accouchement même, sans les avoir reconnus auparavant. Je me rappelle le véritable scandale qui se produisit il y a une quinzaine ou une vingtaine d'années lorsque naquirent ainsi, en l'absence de toute prévision, deux jumeaux à l'Hôpital américain : il s'agissait des petits-enfants du célèbre professeur Debré...

En reconnaissant la gemellité par le diagnostic prénatal à l'échographie systématique à partir de 8 à 10 semaines de la gestation, on peut ainsi faire se reposer la femme enceinte *très tôt,* et la surveiller de très près, pour lui permettre d'accoucher à une période où ses enfants ne risquent plus les accidents de la prématurité. Autrefois, il n'était pas rare de voir ces femmes accoucher au bout de six mois et perdre ainsi un des enfants, voire même les deux. C'était un drame.

Bien plus, on peut maintenant reconnaître tôt des grossesses avec triplés, quadruplés et quintuplés (de plus en plus fréquentes au terme de certains traitements de la stérilité).

Il y a quelques mois, à la maternité de Port-Royal, sont nés par césarienne relativement tardive (33 semaines) des quadruplés qui vont très bien, et même des quintuplés dont le poids allait de 1 740 g à 2 300 g. Tous ces enfants sont en bon état et n'ont pas de suites cérébrales plusieurs mois après leur naissance.

Mais quel tracas pour les parents, souvent insuffisamment aidés ! Je me rappelle à ce propos une femme déjà mère d'un enfant, qui, en apprenant tôt qu'elle portait des triplés, voulut d'abord se suicider, puis exprima ensuite l'intention d'en abandonner deux sur trois (les filles, bien entendu). Nous venions la voir régulièrement pendant qu'elle était alitée, avant l'accouchement, puis dans les semaines qui suivirent la naissance. Il y a quelques années de cela ; aujourd'hui, cette mère est heureuse et fière de sa nombreuse progéniture.

Nul n'est plus mal défendu contre « l'irréparable » qu'un couple français. C'est le plaignant qui a toujours tort. Pensez donc : il a perdu son enfant, ou bien il traîne avec lui toute sa vie un enfant grabataire et sans intelligence. « C'est la faute à la nature », disent les collègues médecins-experts et les juges.

Ce qui est admirable en médecine, c'est qu'un succès thérapeutique est toujours dû à l'habileté et à l'intelligence de son auteur ; une faute grave, par contre, est due à la fatalité ou à l'inévitable droit à l'erreur. Là où l'aiguilleur va en prison après un déraillement de train, le médecin continue d'exercer en toute impunité, dans son ignorance et sa maladresse.

C'est ce qu'on appelle la « confraternité », alimentée par les « experts collègues » et entérinée par une justice de classe.

Les mots ne seront pas assez forts pour crier mon indignation devant la longue cohorte de parents dont j'ai vu les enfants massacrés depuis des années, toujours avec la bénédiction des « corps constitués ».

Chacun se souvient de l'accident survenu récemment dans une maternité de Champigny où, seule, en l'absence de toute surveillance, une femme est tombée de sa table d'accouchement, se tuant et provoquant en même temps la mort de son enfant. Là, il y a peu de chances que l'établissement et son personnel ne soient pas condamnés : il y a flagrant délit.

Mais que dire de ce pauvre homme, vieillard avant l'âge, démoli par la mort de sa fille après une césarienne pratiquée dans un grand hôpital public de Paris dont le chef de service, intelligent mais prétentieux, défraie la chronique littéraire par des écrits médicaux provocants et fallacieux ?

De cette femme qui, en pleine nuit, est perfusée par voie intraveineuse avec un flacon qui contient en culture pure des germes toxiques ? Elle meurt en quelques heures, non sans que ses parents qui s'inquiètent aient été traités d' « emmerdeurs ».

Ces cas s'inscrivent dans la longue cohorte des victimes de la médecine mal faite, qui n'ont en France aucun recours. Rappelons les affaires Farçat et de Gerando, rappelons surtout les centaines, les milliers de familles de handicapés qui n'ont jamais reçu réparation, ni matérielle ni pénale, en vertu du trop fameux « droit à l'erreur ». Le doute (même minime, comme c'est la règle en médecine où la relation de cause à effet n'est jamais à 100 %)

167

bénéficie toujours au médecin, même quand ses fautes sont énormes et flagrantes. Dans ces cas reviennent sous la plume des experts ces mots effrayants : « *les actes médicaux ont été accomplis dans les règles de l'art* ».

Quant à la commission juridique qui s'occupe actuellement de ce problème, elle se révèle d'une inefficacité totale...

Il ne s'agit certes pas de tomber dans les excès de la justice américaine qui condamne les médecins pour souvent peu de choses, ce qui compromet l'exercice de la médecine et sa responsabilité face aux risques. Quant à moi, au bout de tant d'années de lutte sur ce terrain, je reste soumis à la vindicte de mes confrères, du Conseil de l'Ordre et des institutions, remparts du corps médical.

Ce qui ne m'empêchera pas d'adresser ici un appel solennel au ministre de la Justice pour que ce scandale cesse. Il a déjà créé une commission pour les « victimes », présidée par Paul Milliez. C'est bien, mais il faut aller plus loin : fermer autoritairement les établissements incriminés, interdire l'exercice de la médecine aux criminels et aux ignorants, bref, défendre réellement ce « citoyen parent » qui n'a été jusqu'ici, face au juge et au médecin, qu'un pauvre type désarmé.

X

La vie, la mort
et le handicap.

Nous ne reviendrons pas ici, pour l'avoir largement développée dans notre livre *Un juif pas très
catholique,* sur notre attitude vis-à-vis de l'acharnement thérapeutique. De même que nous parlons *du
droit* à une naissance sans risques, nous parlerons,
dans certains cas d'accident cérébral gravissime à la
naissance, d'un « droit à la mort ».

Pareille attitude ne saurait s'appuyer sur une
certitude à 100 %, qui n'existe jamais en médecine :
c'est une affaire d'appréciation individuelle, avec
l'infime risque d'erreur qu'une telle appréciation
comportera toujours.

Dans un certain nombre de cas, nous avons jugé
bon d'interrompre avec raison les soins intensifs,
pour éviter à une famille de récupérer un être
complètement grabataire et végétatif, encore que
certaines organisations comme « l'Arche » et la
« Force » (fondation John Bost) s'occupent merveil-
leusement de tels enfants ou adultes irrémédiable-
ment touchés.

Au Québec, les salles de réanimation de nouveau-
nés s'appellent parfois « salles de résurrection » :

l'expression indique bien quelles sont l'étendue et les limites de notre action thérapeutique, puisqu'elle confère justement au médecin une sorte de « droit de vie et de mort » sur l'enfant.

Il faut rappeler que, dans nos décisions, nous ne disposons jamais *de certitudes absolues* sur l'avenir de l'enfant. Des critères nous permettent de juger avec une forte probabilité d'exactitude dans 95 à 98 % des cas. L'histoire suivante en témoigne, même si elle apporte de l'eau au moulin de ceux qui préconisent la « survie à tout prix ». Mais nous ne craignons pas de nous exposer à la critique : une fois de plus, une particularité de la médecine est que rien n'y est jamais vrai à 100 %.

Il y a quelques années, nous recevions un enfant à terme, à la suite d'un accouchement catastrophique, dans ce qu'on appelle un état de mal convulsif. Deux électroencéphalogrammes totalement plats viennent confirmer que le cerveau n'est plus actif et restera à jamais irrécupérable (nos statistiques le montrent dans 98 à 99 % des cas).

Nous avons l'intention d'interrompre la ventilation, mais la famille, elle, se refuse à accepter l'évidence et continue de garder espoir. L'enfant survit, et sort du service dans un état cérébral catastrophique, ne laissant place à aucun avenir.

Douze ans plus tard, je rencontre le père dans la rue, il me dit que son enfant est presque normal (deux ans de retard à l'école) et, pour comble, il me dit merci !

Bien sûr, ce genre de miracle n'est advenu qu'une seule fois sur les milliers d'enfants que nous avons suivis. Mais il suffit à montrer que nous sommes faillibles. Ce qui est vrai en statistique ne l'est pas pour le cas unique ou exceptionnel.

Les décisions sont encore plus dramatiques aujourd'hui que nous avons la possibilité de rendre « intact », mais pas toujours, en tout cas *en vie*, un enfant de 700 g. à sa famille.

Nous abordons donc ici un domaine où chacun doit juger à sa manière, quitte à se tromper. C'est celui de l'incertitude, dont il faut parfois s'accommoder avant de faire un choix.

Il convient de rappeler quelques épisodes particuliers qui montrent l'atmosphère conflictuelle dans laquelle se déroule ce débat entre la vie et la mort, où interviennent les parents de l'enfant (et, bien sûr, leurs familles respectives), qui ont des droits ; parmi les médecins : ceux qui jugent en conscience de cas particuliers sans se soucier des corps constitués de la médecine, et le conseil de l'Ordre qui a des pouvoirs juridiques étendus ; enfin, les magistrats appelés à trancher, comme aux Etats-Unis par exemple.

Il y a quelques années naissait aux Etats-Unis un enfant atteint de trisomie 21 (mongolisme). Comme cela peut arriver dans ce cas de malformation, il y avait en même temps un rétrécissement de l'intestin qui provoquait une occlusion. A défaut d'intervention chirurgicale, la mort était l'aboutissement inéluctable. Les parents de l'enfant, forts de leurs droits, s'opposèrent à cette intervention. Devant le service, infirmières et médecins réunis, l'enfant mourut donc, non pas en quelques heures, mais en quelques semaines, dans d'atroces souffrances, sans que quiconque dans l'entourage médical offrît d'abréger ses souffrances. Car, aux Etats-Unis, contrairement à ce qui se passe en Grande-Bretagne, l'euthanasie terrifie les médecins en raison des risques légaux qu'elle implique.

Pourtant, c'est en Grande-Bretagne qu'une histoire identique de mongolisme avec occlusion intestinale a connu une tout autre issue.

Il s'agissait d'un couple chez lequel, en raison de son âge, la mère, ayant 40 ans, avait subi en début de grossesse une ponction du liquide amniotique, comme on doit toujours le faire passé 37 ans, car le risque de mongolisme est alors grand. Reconnu par cette ponction avant 12 semaines, il autorise alors la demande et l'application de l'interruption volontaire de grossesse. Dans le cas présent, les examens étaient négatifs (rien n'est assuré en médecine, mais il y avait eu là une erreur). C'est donc un drame quand la mère apprend que son nouveau-né est mongolien et atteint d'une occlusion intestinale. Elle et son mari refusent l'intervention. Les médecins, eux, veulent absolument intervenir contre l'avis des parents. Devant ce conflit, l'enfant est mis sous tutelle judiciaire. Un premier juge décide que l'intervention doit être faite. L'enfant est alors transféré dans le célèbre hôpital de « Great Ormond Street ». Et là, l'affaire rebondit, car les chirurgiens refusent d'opérer, se rangeant à l'avis des parents. Ce que — autre surprise — confirme finalement le juge qui se rend, lui aussi, à l'avis des parents. Mais l'affaire n'est pas terminée, car deux nouveaux juges pressentis estiment qu'ils ne peuvent condamner cet enfant à la mort certaine qui l'attend si on ne l'opère pas. De ce fait, l'enfant est opéré avec succès dans un autre hôpital connu de Londres, à Hammersmith.

L'homme qui avait constamment fait rebondir l'affaire, jusqu'à obtenir ce qu'il voulait, est un responsable social qui estimait que les mongoliens ont toujours droit à la vie, quoi qu'il arrive. Il est vrai que, bien pris en charge, ces mongoliens sont heureux de vivre, et même parfois capables d'exécuter des travaux élémentaires.

Ce n'est pourtant pas ce que pensait cette mère française qui, tout de suite, rejeta son enfant lorsqu'elle sut qu'il était mongolien ; celui-là aussi était atteint d'occlusion et mourut rapidement. L'équipe médicale, en cette circonstance, ne s'était pas opposée à l'abstention chirurgicale, tant le père et la mère semblaient incapables de supporter l'épreuve et d'élever convenablement leur enfant. Ont-ils eu raison ? Ils ont fait un choix qui les a conduits à retenir ce qu'ils pensaient être la moins mauvaise solution. Ont-ils eu tort ?

Une tragique histoire de frères siamois (jumeaux attachés par leurs corps) vient encore illustrer ce débat sans fin. Les pédiatres américains, dans ce cas, s'opposent à l'intervention séparatrice (d'ailleurs souvent difficile ou non suivie de survie). Dans le service, au pied du lit des enfants, une pancarte : « Pas de nourriture, selon le vœu des parents ». Quelques-unes des infirmières ne peuvent supporter cette interdiction et l'enfreignent en donnant des solutions par voie intraveineuse. D'autres s'en vont prévenir la justice et il se trouve un juge pour inculper conjointement de meurtre la famille et le service...

Malgré tout, il est bon que ces problèmes fassent l'objet d'études approfondies. Les instituts de « bioéthique » se sont multipliés aux Etats-Unis. Le premier a été lancé sous les auspices de la Fondation Kennedy. Depuis que ces institutions existent, il faut néanmoins constater qu'elles n'ont guère fait avancer les solutions.

Il est clair que, dans ces circonstances dramatiques, il ne peut y avoir un accord systématique entre

173

les parents, les médecins et les juges. Et c'est pourquoi, dans un certain nombre de cas, il revient à l'équipe médicale, sous la responsabilité du chef de service, de prendre une décision en tenant compte de chaque situation particulière. En France, c'est cette situation qui prévaut. Tout le monde le sait et tout le monde se tait. Personne, à ma connaissance, n'outrepasse ce que paraît ordonner la conscience de chacun.

Tout cela n'est certes qu'un pis-aller, mais il serait bien dangereux de légiférer en ce domaine, comme le propose avec entêtement le sénateur Caillavet. Les cas où peut se prendre une décision d'euthanasie restent très exceptionnels. Adopter à ce sujet une attitude systématique reviendrait à ne pas prendre en compte l'avis et la personnalité des parents ou l'avenir de souffrances de l'enfant. C'est dans les 48 premières heures suivant la naissance que la question peut au demeurant se poser.

Tout au cours de notre vie médicale où nous furent confiés quelque 18 000 nouveau-nés en danger de mort que, grâce aux progrès incessants, nous avons eu la joie de rendre de plus en plus souvent vivants à leur famille avec un cerveau intact, il nous est arrivé dans quelques cas de prendre une décision d'arrêt de soins. Nous avons voulu là sauver du désespoir quelques familles incapables d'assumer l'épreuve. Il n'y a pas de quoi pavoiser, mais le respect des personnes peut exceptionnellement l'emporter sur le respect de la règle.

Soucieux que nous sommes de rester objectifs, nous donnerons des exemples d'attitudes discutables.

L'un est illustré par la lettre suivante, déjà citée ailleurs mais que nous estimons exemplaire, une fois n'est pas coutume, de la bonne conscience du corps médical confinant finalement à l'inconscience et à la lâcheté :

« *Notre enfant est né avec de graves malformations : bec de lièvre bilatéral total associé à un colobome partiel de l'œil gauche (la partie colorée étant d'ailleurs nettement plus petite, plus strabisme), qui font déjà appréhender des lésions cérébrales. Sa tête est monstrueuse et son faciès rappelle celui des mongoliens. A la mâchoire complètement éclatée s'ajoute un maxillaire inférieur anormalement fuyant ; les oreilles sont très basses ; les yeux sont étirés. (Nous attendons le verdict du caryotype.) Le crâne est déformé et alourdi par de gros bourrelets (fontanelles soudées). Le corps est maigre et fripé. La peau semble très blanche.*

On a constaté dernièrement une malformation osseuse des membres inférieurs (léger pied bot ?), d'autre part, une cardiopathie a été découverte, ainsi qu'une hernie hiatale qui s'accompagne depuis de vomissements. (L'œsophage est court et tire sur l'estomac.) Le bébé souffre de troubles digestifs et s'alimente très difficilement ces jours-ci. Il est traité au phosphalugel.

Pour assombrir le tableau, l'enfant fait une infection urinaire (germes).

Bien que déjà très chargé, ce bilan peut s'accompagner d'autres handicaps qui n'ont pas encore été détectés. Il faut aussi composer avec les troubles tardifs qui suivront les différentes interventions chirurgicales. Nous sommes catastrophés... (et tellement loin des traumas que, dès la naissance, nous voulions lui éviter : méthode Leboyer, etc.).

Nous voici donc inquiets à la fois de sa fragilité physique et psychologique. Tout est un affreux cauchemar, et le plus accablant pour nous est notre impuissance.

175

Dès les premiers instants, alors même que nous préjugions l'absurdité de la vie future de l'enfant, nous nous sommes trouvés dépossédés de toute décision.

Le corps médical a condamné notre fils à vivre et, depuis, décide de son existence. Mais ses responsabilités s'arrêtent là... L'enfant devra supporter ses malheurs et, au mieux, s'assumer tel qu'il est — c'est-à-dire monstrueux.

L'institution médicale nous encourage aussi à la démission. Déjà on nous a pressentis en vue d'un abandon éventuel (Assistance publique ou centre spécialisé.) Voilà la seule alternative ! Quelle lâcheté sous couvert de bonne conscience !

Que vaut alors la notion de respect de la vie ? Est-il convenable qu'une législation prohibitive et répressive soit cause d'un long supplice ?

Après avoir multiplié nos inadaptations en nous interdisant toute prise directe sur notre milieu, les spécialistes sont chargés maintenant de nous assister ! Nous subissons leur myopie et les cours magistraux écrasants et distants, les envolées sermonneuses... L'optimisme rayonnant est pire encore et plus du tout de circonstance. Nous ne voyons qu'une seule chose : on va essayer de remettre à flot notre enfant au moyen de replâtrages successifs. Mais pour quoi faire ? Pour combien de temps ? Et au prix de quelles souffrances pour lui ?

Pour la médecine, il n'est qu'un cas clinique. On l'a déjà testé, manipulé, piqué, trituré (nous l'avons vu gémir et se contorsionner des heures entières), et cela n'est rien comparé à ce qu'il va devoir subir. Et pour quel résultat ? Combien d'interventions seront tentées ? Comment croire que la vie est toujours un bienfait ? Quand comprendra-t-on que douleur et maladie sont plus que des problèmes techniques à la charge d'une institution professionnelle ? Nous sommes face à l'absurde. Sans échappatoire. Même les discours compatissants nous sont odieux. Comment philosopher

176

quand un enfant souffre ? Comment parler pourcentage de « réussite » quand on sait pertinemment que, de toute façon, le résultat final sera négatif ?...

Chacun se cache le vrai problème : technicité, savoir-faire, législation en vigueur et morale sont autant d'alibis. Nous ne savons plus que faire, nous sommes désespérés. Depuis que le bébé est né, nous nourrissons des idées morbides. »

C'est là que la relation médecin-malade, ou mieux médecin-parents, se doit de passer par la compréhension mutuelle et le respect de chacun. A notre grande surprise, nous avons souvent trouvé des prêtres et des pasteurs plus compréhensifs — je ne dirai surtout pas laxistes — que bien des médecins, et surtout que des juges que la plupart d'entre nous avons tendance à récuser. Il s'agit ici de l'homme, de la personne humaine, face à une ambiguïté qui est dans la nature des choses, où le médecin doit se frayer une voie difficile qui n'est ni scientifique, ni morale, où personne n'a jamais tout à fait raison ni entièrement tort.

S'il n'est aucune certitude en ce bas monde, a fortiori le dogmatisme est-il ici la pire des plaies : en médecine comme ailleurs, il est l'inspirateur du faux et de l'inhumain.

Si, dans la foulée, je parle ici des droits des handicapés à la santé, c'est que je suis président du Conseil d'administration de l'Association des Tout-Petits, une maison des environs de Paris (fondée par Mme Denise Carette) qui héberge les enfants extrêmement atteints, grabataires, avec un quotient de développement très bas. J'ai aussi fondé le Centre d'Etudes et de Soins aux Arriérés profonds, dans la région parisienne, et naturellement beaucoup travaillé avec les parents de l'Union nationale des Parents d'enfants inadaptés.

Je pose d'abord comme principe que tout handicapé, quel qu'il soit, a le droit au respect de sa personne, comme n'importe quel citoyen. Il doit être pris en charge, aidé. Quand on parle de droit à la santé, il faut aussi parler du droit à la santé de ses parents, qui sont souvent abandonnés, en proie à une véritable détérioration psychique et qui ont eux aussi besoin d'aide. Ce que nous entreprenons en général, nous le faisons au moins autant pour les parents que pour les enfants qui, eux, sont certainement très handicapés, mais ne se rendent pas compte et ne sont peut-être pas ceux qui souffrent le plus.

La société française n'a fait jusqu'à présent qu'un petit effort, très insuffisant, pour considérer ces enfants comme des enfants « comme tout le monde ». Aussi évitons-nous, chaque fois que possible, de parler d'enfants « normaux » et « anormaux ». Nous pensons qu'il faut développer l'intégration des cas les moins graves dans des écoles maternelles et même dans des établissements scolaires ordinaires. Cette démarche est bénéfique pour les deux catégories d'enfants, et je fais là référence en particulier aux droits des mongoliens, enfants qu'on peut parfaitement élever et prendre en main convenablement, pour en faire même des citoyens autonomes, à l'instar d'autres qui ont un quotient de développement aux environs de 80, voire de 70, et qui sont partiellement ou totalement rééducables. Il n'en va bien sûr pas de même quand le quotient de développement est inférieur à 50.

La loi d'orientation assure aux handicapés une prise en charge qui a pour but, en quelque sorte, de les améliorer et de les autonomiser. Mais, en même temps, cette loi a l'inconvénient de pratiquer une sorte de ségrégation. On a heureusement tendance à éviter maintenant de mettre tous ces handicapés en ghetto. Quand on les met ensemble, ils sont certes l'objet d'une même thérapeutique généralisée, mais leur environnement n'est peut être pas le meilleur pour obtenir des résultats appréciables.

A l'heure actuelle, les droits des handicapés, même s'ils sont reconnus par l'Etat, par les parents, et tant soit peu par la société, ne représentent pas encore un idéal. C'est dans une optique de pleine reconnaissance des droits, non seulement des handicapés psychomoteurs, mais des paralysés, des handicapés moteurs[1], des malvoyants, des malentendants, que la société pourra les faire accéder à une condition égale à celle des citoyens considérés comme « normaux » et « rentables ». Il ne suffit pas de promulguer des lois en ce domaine, il faut aussi faire l'éducation de la population. C'est au lycée et dans les écoles, très tôt, que cette sorte d'anti-racisme et de reconnaissance doivent se développer.

Nous avons, avec Odile de Bethmann, ouvert les portes de notre laboratoire, de notre unité de Recherches et de notre Service à des lycéens et lycéennes à partir de la troisième, pour leur parler de ce problème en même temps que de reproduction, de contraception et même d'interruption volontaire de grossesse.

1. Un soir, à Bergerac, les responsables protestants de « la Force » ont réussi l'exploit de faire monter sur scène des handicapés grands grabataires, de leur faire jouer une pièce, et de faire exécuter par d'autres le ballet *Casse Noisette* devant un public de 2 000 personnes ! Voilà qui mérite un grand coup de chapeau.

Ce droit à l'interruption volontaire de grossesse a été reconnu par une loi que l'on appelle maintenant la loi Veil. Il reste à faire en sorte que cette loi soit réellement et partout mise en application. Or, elle se heurte à l'opposition de toute une partie de la population masculine dite « bien-pensante » et, à l'heure actuelle, nombreux sont encore les médecins qui se refusent à faire les I.V.G., voire même à les laisser faire dans leur service, bien que le ministère de la Santé ait paru décidé à prendre les choses en main.

Il y a des faits que l'on doit néanmoins signaler. Un certain retard risque d'être apporté à l'I.V.G. qui n'est permise que jusqu'à 10-12 semaines : ce retard peut être dû à la séance de dissuasion lorsque celle-ci est confiée à des personnes opposées à l'I.V.G. Le docteur Tietz, de New York, a bien montré que plus l'I.V.G. est précoce, moins elle donne lieu à des complications. Même bien faites (par aspiration), les I.V.G., surtout si elles sont tardives ou répétées, peuvent en effet être cause, par la suite, d'accouchements prématurés ou même de stérilité. Il importe, si possible, de limiter l'I.V.G. à une seule, d'enseigner la contraception et d'être extrêmement rapide dans sa décision. Voilà pourquoi le docteur Tietz pense que la « conseillère » fait perdre du temps à la personne et augmente donc les risques de complications. Rappelons, à ce titre, que la mortalité féminine (en particulier après aspiration) est moindre que celle des accouchements normaux.

Enfin, le problème de l'I.V.G. pose un problème d'éthique et de droit : celui, revendiqué par de nombreuses femmes, de « disposer de leur corps ». On est ici très loin de la conception « dissuasive » de l'I.V.G., et, personnellement, je voudrais rappeler que celle-ci, comme l'euthanasie, même s'il s'agit de quelques cellules vivantes, est une *exécution*. C'est un domaine où il ne faut donc pas mâcher ses mots. Mais elle me paraît dans une certaine mesure justifiée quand elle est demandée par une personne qui peut être par ailleurs une très bonne mère, mais qui, pour une raison qui nous échappe, sollicite une I.V.G. L'Eglise catholique a pris là-dessus une position absurde. Un certain nombre de femmes pensent qu'elles doivent avoir le droit de disposer de leur corps et de ce qui y est contenu. Lorsque je fais des cours à l'Ecole de la Magistrature à Bordeaux, je ne suis pas surpris de constater que la moitié des élèves (les femmes) sont en général de cet avis. Je crois en fait que personne ne doit interférer dans cette décision. Tous les conseils techniques ou autres que l'on peut dispenser, qui peuvent ressembler à une incitation ou au contraire à une dissuasion, me paraissent éminemment criticables, dans la mesure où ils constituent une atteinte à un droit assimilable à un droit des citoyens. Bien sûr, quantité de questions d'ordre éthique, moral et politique, peuvent intervenir, mais, à l'heure actuelle, en France en tout cas, ce droit à l'I.V.G., s'il a été péniblement admis, n'est, comme les droits des handicapés, pas encore vraiment accepté. Il faudrait poser cette question des droits de la femme à l'I.V.G. dans un autre contexte que celui de la culpabilisation.

A cet égard, le report de son remboursement par la Sécurité sociale a sûrement été une erreur. Par-delà l'aspect matériel, il semble en effet donner raison après coup aux tenants *de la vie à tout prix*, que l'on peut en gros assimiler aux défenseurs éternels de la soi-disant morale judéo-chrétienne, cette même morale qui a approuvé — pour ne pas dire béni — les bombardements de Dresde, d'Hiroshima, les bombardements américains au Viêt-nam (applaudis par le cardinal Spellmann), à coups de bombes à fragmentation, au napalm, au phosphore — ces mêmes engins que les Israéliens ont aussi utilisés avec tant d'efficacité au Liban.

Je n'hésite pas à dire qu'en ce qui me concerne, moi médecin, juif, pédiatre, témoin de la misère humaine depuis plus d'un demi-siècle, je trouve méprisables et mêmes écœurants tous ces grands discours des gouvernements occidentaux, des chefs d'église (protestants exceptés) et autres saltimbanques qui approuvent ou pour le moins ne découragent pas ces tueries (de préférence dirigées contre les sous-développés, analphabètes, bougnoules, nègres, jaunes, dont la vie ne compte pas) et, comme la France d'hier et d'aujourd'hui, vendent des armes aux multiples pays dont les habitants crèvent de faim. Les grands discours de ceux-là mêmes qui, subitement, se rattrapent en feignant de respecter la vie humaine de l'embryon.

Voilà résumée mon attitude. Il n'y a là ni sujet à admiration, ni sujet à réprobation. Il est plus facile de discuter la phrase : « pour moi, il n'y a que des personnes vivantes » ou « la vie, je ne sais pas ce que c'est », avec des religieux qu'avec des médecins entêtés. Je dois dire que j'ai entendu des prêtres dire qu'il y a des cas où la personne humaine ne peut pas assumer l'épreuve, et c'est cela que je voudrais qu'on comprenne. Depuis que je fais mon métier, il n'y a pas de pire épreuve que celle-là. C'est l'épreuve suprême, pour laquelle je crois que bien peu sont faits. Naturellement, j'ai bien précisé les limites, et c'est tout le problème : une fois qu'on admet ce point de vue, il n'est pas question d'agir au-delà de quelques heures, il n'est pas du tout question non plus de penser aux handicapés modestes, et la preuve en est que quand nous avons seulement un doute, nous laissons bien sûr survivre, nous donnons espoir...

Quelques lettres critiques...

> *Monsieur,*
>
> *... Je me permets de vous écrire pour quelques remarques :*
> *Vous avez plusieurs fois répété que les mesures simples préconisées diminueraient de moitié le nombre des handicaps à la naissance, qui est évidemment un argument d'un grand poids, et qu'il faut dire et répéter, mais vous avez ajouté des formules comme : « Et un enfant handicapé, c'est la détérioration profonde de la famille, et une souffrance insoutenable... »*
> *Je crois que vous ne devriez pas employer ces formules, en particulier devant un public de jeunes, non pas parce qu'il ne faut pas les alarmer, mais tout simplement parce que, en tant que ces formules sont générales, elles ne sont pas vraies. Nous avons un fils mongolien, débile profond, de 25 ans. C'est le second de nos 5 enfants. Bien des familles ayant un enfant handicapé sont des familles presque comme les autres, avec ce problème, qui est lourd, comme d'autres en ont d'autres. Qu'il faille tout faire pour diminuer le nombre des naissances d'enfants handicapés, c'est trop clair. Qu'il y ait des cas plus tragiques que d'autres, c'est vrai. Que la naissance d'un enfant handicapé soit toujours un « bouleversement » de la famille par rapport à ce qui était prévu ou espéré, c'est certain, et il faut le dire. Mais les mots « insoutenable », « insupportable... », dans ce qu'ils ont d'absolu, sont exces-*

sifs. Il ne faut ni minimiser les choses, ni non plus les majorer — et je dirais qu'il faut sans doute plus dramatiser (c'est ainsi qu'on aide le mieux les parents), tout en faisant tout pour prévenir quand c'est possible, et pour aider (en particulier matériellement) quand c'est arrivé. C'est un aspect des choses auquel je suis très sensible depuis longtemps : que les choses sont toujours plus terribles en imagination qu'en réalité. Ce qui me fait dire aussi que nos enfants, frères et sœurs d'un handicapé, ont par rapport à leurs camarades l'avantage de connaître les problèmes du handicap, non d'une manière abstraite et en imagination, mais à travers une personne. S'il vous plaît, Monsieur, ne minimisez pas les problèmes et les souffrances des parents et des familles, mais n'employez pas des formules qui sont comme le couperet de la guillotine.

Je voulais depuis un certain temps vous faire part d'une expérience malheureuse survenue récemment à B... Ce n'est pas vous mais, si vous le jugez bon, vous pourrez le dire à qui de droit. Notre fille est enceinte : 20 ans, rhésus négatif. Forte de tout ce que je sais, je lui conseille de prendre contact avec un service spécialisé, à B... Je téléphone à l'avance. On me dit qu'il n'y a pas de rendez-vous à prendre, qu'il suffit de se présenter à la consultation tel jour. Elle y va : « C'est pour la consultation de maternité, je crois que je suis enceinte ». On lui répond vivement : « C'est pour une interruption de grossesse ? — Non ! — Alors il faut prendre un rendez-vous, et il n'y en a pas avant... (délai assez long) ». Je peux comprendre, mais je me permets de penser que l'accueil pourrait être autre, par exemple : « Avez-vous un problème qui vous fait souhaiter une consultation précoce ? », ce pourrait être une grossesse non désirée, mais aussi bien un Rh-, puisque, après tout, dans ce cas, n'importe-t-il pas de dire à l'intéressée que, si elle faisait une fausse couche spontanée précoce, il faudrait qu'elle se précipite pour prévenir les ennuis lors d'une autre grossesse ?

J'avais été déçue aussi, deux ans plus tôt, ayant été invitée à aller voir à B... de jeunes parents qui venaient d'avoir un premier enfant trisomique. Effondrés comme on peut l'être, ils avaient reçu une assistante sociale du service : « Il faut vous en séparer, ils sont méchants... ». La pauvre jeune mère me disait, alors que je lui parlais de notre fils : « Mais alors, il vous reconnaît ? ». Il s'agissait là d'un petit mongolien peu marqué à la naissance, suçant bien son biberon, et de parents qui ne demandaient qu'à l'aimer tel qu'il était. Il est mort l'été dernier, dans un accident de voiture, en même temps que son père, mais j'ai gardé longtemps des mots écrits par ces parents, disant la joie que leur apportaient les progrès du petit, tout cela sans leurre. Si tout cela n'avait été connu de moi sans intermédiaire, je n'aurais pas cru que ce fût possible à B...

Me permettez-vous d'ajouter encore ceci. Vos désirs : il faut 10 visites. A Clamart, elles sont assurées. Je sais combien Clamart est de qualité — mais... notre fille, toujours la même (Rh-, la grossesse), déçue par l'accueil de B..., est allée à Clamart, fin juillet. On a noté les résultats des examens qu'elle avait elle-même fait faire, on en a refait, mais on ne l'a invitée à rien de précis pour la suite, ni invitée à faire prendre sa tension pendant les vacances, ni à reprendre rendez-vous pour telle date. Et ce, parce que son beau-père est médecin !...

Excusez cette longue lettre. Vous savez combien les parents d'enfants inadaptés sont derrière vous et avec vous dans cet effort pour diminuer les risques.

Madame C.

Monsieur le Professeur,

L'interview publiée dans le journal Paris-Match n° 2533, sous le titre « Faut-il s'acharner à les sauver ? », dans lequel vous déclarez pratiquer, dans des circonstances extrêmes il est vrai, l'euthanasie, a

185

retenu toute mon attention et, par la présente, je voudrais vous exprimer mon profond désaccord par rapport à cette pratique.

Comme responsable d'une Communauté de l'Arche créée par Jean Vanier en 1964, qui accueille des personnes ayant parfois des handicaps importants, mais qui n'en sont pas moins uniques et mystérieuses, je ne puis que m'indigner de votre position qui vous autorise à user du droit de vie ou de mort auprès d'êtres vivants qui, il est vrai, peuvent représenter des charges énormes pour leur famille, leur entourage et la Société.

La décision d'interrompre volontairement une grossesse, bien qu'elle ait été légalisée dans notre pays, est déjà une prise de responsabilité qu'aucun être humain ne devrait pouvoir prendre, car la vie dépasse la personne ; la décision de donner volontairement la mort, de façon active ou passive, ne peut appartenir à personne, même pas aux parents qui ont donné la vie : on peut décider de donner la vie et c'est une grande responsabilité pour l'homme ; on ne peut pas donner la mort.

Certes, les progrès de la Science et de la Médecine permettent aujourd'hui que vivent des personnes de tous âges qui, dans le passé, n'auraient pas survécu à leur état, créant ainsi des situations parfois lourdes de conséquences. Mais à partir du moment où l'on a reconnu la vie, aussi fragile soit-elle, on a déjà décidé de la respecter, sinon c'est la porte ouverte à toutes les appréciations humaines qui ne manqueront pas de conduire à l'euthanasie, avec bonne conscience, dès que quelqu'un ne correspondra plus à des normes sociales...

Dans notre monde de raison et d'efficacité, où les personnes handicapées ont de moins en moins leur place (alors qu'avec des difficultés diverses elles sont de plus en plus nombreuses) on semble perdre la vue des valeurs humaines essentielles telles que l'accueil, la simplicité, la tendresse, le silence même, que les *personnes ayant un handicap portent en elles ou suscitent chez les personnes de leur entourage, entraînant par là une plus grande attention des uns aux autres, conduisant ainsi à une véritable fraternité basée sur l'amour qui fait tant défaut à notre humanité d'aujourd'hui.*

Comme chrétien, je ne peux que m'insurger contre votre position qui tente de situer le pouvoir de l'homme à égalité avec la Puissance de Dieu, créateur, et lui seul, de toute Vie.

Aussi, Monsieur le Professeur, je vous demande de ne plus prendre de décision de supprimer la vie et surtout de ne plus tenter de justifier de tels actes, pratiqués par vous ou par d'autres, car le meurtre reste un meurtre même s'il est socialement approuvé.

Restant par ailleurs très respectueux de tout ce que vous avez apporté à la médecine, mais ne pouvant vous suivre sur le chemin de l'euthanasie, je vous prie de croire, Monsieur le Professeur, à l'expression de ma haute considération.

Jacques M.

Monsieur le Professeur,

J'ai lu avec beaucoup d'émotion votre article paru dans Paris-Match n° 2533, le 3 octobre 1980.

J'ai 36 ans et je vis depuis 12 ans avec des personnes handicapées mentales adultes (communauté de l'Arche de Jean Vanier). J'ai réagi à certains arguments que vous mettiez en avant pour justifier l'euthanasie, je ne comprends pas comment vous pouvez donner comme critère le QI en dessous de 50. Si je suis sensible à ce que vous dites sur les répercussions psychologiques que provoque dans une famille la naissance d'un enfant handicapé, je crois que cela ne peut être pris comme argument justifiant l'euthanasie.

Je voudrais vous dire que j'ai trop de liens et

*d'amour pour des personnes très profondément handi-
capées (dites grabataires) pour ne pas oser vous
demander de reconnaître en eux la possibilité de vivre
de véritables relations humaines.*

*Connaissant le rejet que vivent les personnes handi-
capées (malgré les progrès de la société sur ce problème), je me permets de vous demander de ne pas
donner aux mass media de tels débats qui ne peuvent
que jeter dans le désarroi beaucoup de familles.*

*Connaissant toute mon incompétence face à votre
savoir, j'espère que ma lettre vous transmettra juste ce
que ma vie partagée avec des personnes handicapées
me pousse à vous dire...*

Odile C.

J'ai tenu à publier, entre autres, ces deux lettres
qui me désapprouvent. Le travail de « l'Arche » est
admirable et mérite le respect. Malgré cela, beaucoup de parents nous ont paru trop souffrir de cette
épreuve. Nous faisons donc certains choix, tout en
ne cessant pas de les remettre en question.

XI

Les « violences »
(ou prétendues telles)
en périnatalité

Dans un livre paru au Seuil, Frédérick Leboyer a attiré l'attention sur les prétendues violences faites au nouveau-né.

Le fait curieux, dans cet ouvrage et dans la mode et l'engouement qui ont suivis, c'est qu'à partir de données discutables, Leboyer a réussi indirectement à mettre l'accent sur un sujet crucial : la violence généralisée qui a accompagné, au cours des siècles, la naissance et la maternité.

Quand je parle de données inexactes, je veux évoquer, par exemple, l'interprétation du cri du nouveau-né que donne le livre de Leboyer. Ce cri initial, juste après l'expulsion, et les cris qui suivent seraient l'expression d'une souffrance du nouveau-né qu'il faudrait absolument abolir. D'où la prescription de la naissance dans l'obscurité, la participation du père et de la mère à cette entreprise, et un effort marqué de « démédicalisation ».

Là, il faut reconnaître que les « fans » de Leboyer sont allés très loin, beaucoup plus loin que leur initiateur, un peu comme la masse des psychanalystes ont déformé Freud et comme, dans un autre ordre d'idées, le message du Christ a été souvent caricaturé et travesti par l'Eglise.

C'est d'ailleurs un phénomène général qui mérite réflexion. A partir d'un concept nouveau qui contient en germe des idées justes, toute une série de « suiveurs », de « racketteurs », etc., se précipitent sur l'aubaine comme la vérole sur le bas clergé, et leur entreprise n'a bientôt plus rien de commun avec l'idée originelle.

Le premier cri du nouveau-né est indispensable au déclenchement de la respiration, et les cris qui suivent et qui traduisent peut-être la faim, ou tout simplement des coliques, ne sont l'expression d'une souffrance que dans la mesure où ils expriment souvent des besoins que le pédiatre, l'infirmière, la sage-femme ou la mère connaissent mieux que l'obstétricien.

Faire naître un nouveau-né dans l'obscurité parce que la lumière l'éblouirait et lui serait désagréable est absurde. La lumière est, on le sait, le meilleur stimulateur de l'excitation cérébrale, qui participe du développement du cerveau. Comme le nouveau-né voit, cela lui permet tout de suite d'entrer en communication avec le monde extérieur.

De plus, dans l'obscurité, le médecin risque de méconnaître des signes d'alarme : cyanose, pâleur, jaunisse, qui ne peuvent se distinguer qu'à la lumière.

Enfin, s'il est bon de ne pas donner à un accouchement normal un environnement trop médicalisé, trop hospitalier, il faut à tout prix assurer la sécurité, même quand tout semble se passer bien. Brusquement, tout peut changer, le fœtus peut souffrir et voir compromettre à jamais son développement

cérébral si la mère ne bénéficie pas du « monitorage » du cœur du fœtus.

Aller prétendre qu'il y a là un stress pour la mère,
et par conséquent pour le fœtus, est un postulat que
rien n'a pu démontrer. C'est en revanche se priver
d'une source de détection précoce de souffrances
fœtales que l'auscultation seule ne permet pas.

Mais il en va ainsi aujourd'hui où sévissent les
obscurantistes, les pseudo-psychanalystes et autres
derviches-tourneurs qui parlent d'agressions
« iatrogènes » (c'est-à-dire génératrices de lésions)
là où il n'y a qu'anxiété — là où il convient d'ailleurs
de tranquilliser la parturiente et de l'entourer d'af-
fection, et pourquoi pas d'amour.

Que dire du sire Odent de Pithiviers, animé dans
sa démarche — hélas contagieuse — d'une mystique
qui lui fait proférer qu'une femme qui accouche en
position accroupie ne saigne pas et qu'elle secrète
alors des hormones contre la douleur (les endorphi-
nes), ce qui donnerait à son visage l'extase que l'on
voit chez les morphiniques (*sic :* entendu à « Aujour-
d'hui Madame »)?!

Tous ces gens-là, aussi bien aux Lilas qu'à Pithiviers et ailleurs, risquent par leurs conseils d'entraîner un accident grave du fœtus et leur attitude n'est
pas loin de rappeler celle de certaines sectes qui
envoûtent les âmes avides d'écologisme et de retour
à la nature. Une « nature » si bonne qu'autrefois,
elle tuait en couches un grand nombre de femmes et
un nouveau-né sur deux !

La « médicalisation » a changé tout cela en introduisant une « hypertechnologie » dans laquelle le
couple est souvent abandonné. Et c'est cela qu'il
faut changer, mais tout en préservant absolument la
sécurité. Médecins, étudiants, sages-femmes, infir-

mières doivent être « présents » pour accompagner le couple (avec le père dans la salle de travail) pendant la grossesse, lors de l'accouchement, puis pour l'allaitement. Lamaze, en introduisant il y a presque quarante ans l'accouchement sans douleur, s'en était déjà préoccupé : on l'a quelque peu oublié. Et notre description de la maternité de Pertuis, je l'espère, éclairera les lectrices et lecteurs sur la manière de conduire la naissance comme une fête de l'amour dans la sécurité.

C'est vrai : l'environnement hospitalier est dans l'ensemble encore très inadapté, très inhumain. La patiente est un objet entre les mains de tout un corps de métier, et c'est là que la démarche de Leboyer a été utile. Mais, pour le reste ?

Une enquête sans aucune rigueur et sans série-témoin convenable, menée par D. Rappoport (*Bull. Psycha.*, 1976, 29, p. 552) a fait grand bruit à l'étranger car elle visait à démontrer (sans preuves) que les enfants « à la Leboyer » se portaient mieux que les autres. Une étude rigoureuse récente concernant un essai clinique « randomisé » sur la naissance « à la Leboyer » a fait fi de toutes ces inepties (*New England Journal of Médicine*, 20 mars 1980, Vol. 302, N° 12, p. 655). La conclusion de cette étude scientifique portant sur des femmes prises au hasard, faite à la suite de l'étude qualifiée de « non contrôlée » de D. Rappoport, montre qu'il n'y a aucune différence entre les enfants « à la Leboyer » et les autres. Les enfants de la « non-violence » n'étaient à la naissance ni moins excitables, ni moins irritables que les nouveau-nés témoins. A 8 mois, il n'y avait aucune différence de tempérament ni de développement entre les enfants qui avaient vu le jour selon les deux modes de naissance.

Il n'est pas impossible, disent les auteurs, que la méthode Leboyer ait sur les mères une influence « placebo », c'est-à-dire que celle-ci s'imagine que cela se passe mieux, tout comme un homme qui souffre et à qui on injecte du sérum physiologique (c'est-à-dire de l'eau) en lui disant que c'est de la morphine, cesse parfois de souffrir.

La méthode Leboyer n'a rien de dangereux par elle-même si elle ne rejette pas la sécurité et utilise l'appareillage médical. Hélas, il y a là une meute de fanatiques, d'hystériques, d'obscurantistes, voire même de chasseurs de profits qui trouvent toujours une clientèle innocente pour les suivre dans une démarche qui, entre les mains de médecins aussi inexpérimentés que convaincus, comporte alors de réels dangers.

J'ai accepté de participer à un colloque sur les « violences institutionnelles en néonatologie » organisé à l'U.E.R. expérimentale de Bobigny par Serge Lebovici et P. Strauss, deux hommes raisonnables. J'ai entendu là l'inventaire des cruautés de l'hôpital, hélas encore trop fréquentes dans les maternités françaises : l'angoisse de la femme seule, son isolement, l'absence de prise en charge humaine, l'absence d'explications, de prise de conscience de ce que cette future mère est souvent tout à fait « paumée ».

P. Strauss dit justement : « Je n'ai pas été convaincu que ce qui se passe en salle de travail ou en salle de naissance ait une telle importance pour le devenir des interactions mère-enfant et pour l'avenir de l'enfant. » Mais il est vrai que les maisons maternelles pour mères célibataires ont été et sont souvent encore des ghettos pour femmes ayant « fauté ». Et il faut aussi rappeler ici le douloureux problème d'une jeune Arabe musulmane enceinte sans être mariée et qui risque parfois d'être tuée par un de ses frères, pour « venger l'honneur », encore en France même...

Voici les remèdes proposés par Gedeah :

« En périnatalité où les institutions ont toute leur importance en tant qu'aide réelle et que support de l'Imaginaire, cette prévention est plus que jamais nécessaire, notamment avec une population sous-prolétaire, piégée dans la misère. Je me permets donc de tracer ici quelques pistes de réflexion susceptibles de réduire l'acuité d'une souffrance qui reste souvent cachée :

1) La création de véritables centres maternels où un accompagnement psychopédagogique adéquat permettra d'atténuer le poids de l'imaginaire, en favorisant l'épanouissement de la femme, et non seulement de la mère.

2) La disparition des grandes structures où le poids de la collectivité et de l'histoire institutionnelle prolongent l'anonymat et l'infantilisation de la plupart des femmes à la recherche d'intérêts personnalisés, de valorisations affectives et d'ambiance chaleureuse.

3) La liaison indispensable entre les établissements d'accueil et les maternités.

4) La disparition des attitudes inhumaines encore constatées à l'égard des femmes souhaitant l'accouchement anonyme.

5) La prise en ligne de compte — et scrupuleusement — de l'ensemble de la situation d'une Arabe enceinte ou accouchée avant de pouvoir imaginer des solutions ou de lui donner des conseils. L'aide qu'on peut lui procurer se dessinera ainsi à partir de la connaissance des chances d'avenir ouvertes devant elle en France d'une part, et de la réalité des

réactions sociofamiliales de son milieu d'origine, d'autre part.

De même, les possibilités réelles de son insertion socioprofessionnelle future et sa capacité de vivre l'expérience du déracinement coupée de son milieu ne sont point à négliger. L'examen préalable de tous ces facteurs est primordial.

C'est dans ce sens qu'il me semble inutile, voire néfaste pour l'enfant, d'orienter une mère célibataire arabe vers un hôtel maternel ou vers un placement nourricier de celui-là lorsqu'on sait qu'elle ne va pas pouvoir rester en France, ou subsister par ses propres moyens, à l'abri de toute poursuite familiale.

Toutes ces considérations, on le voit bien, dépassent la possibilité d'un simple accueil, même chaleureux. Parfois, il s'agit d'acquisition de connaissances particulières, comme dans le cas de la relation à des arabo-musulmanes. Mais le plus souvent, c'est une sensibilisation des services sociaux et du personnel hospitalier aux problèmes de base des mères isolées et démunies qui semble primordiale. Car, au-delà de l'accouchement et de l'enfant à naître, il y a la construction de l'avenir de deux êtres fragiles. Pour que l'enfant ne signifie pas seulement l'éternel recommencement sur le chemin de la souffrance et de la violence, il me semble nécessaire que la mère puisse dépasser l'Imaginaire pour reconnaître la force du réel, c'est-à-dire renaître elle aussi, dans le même mouvement d'accueil chaleureux et valorisant que ce nourrisson qui lui ressemble comme un frère ! »

Notre ancienne élève, D. Girodet, fait à propos des violences en service de maternité des remarques d'une grande justesse en décrivant la maternité où elle travaille :

« L'architecture réalisait certes une première intrusion dans la relation mère-enfant (les enfants n'étaient pas dans la chambre de leur mère), mais ce simple fait n'était rien par rapport à tout un fonctionnement institutionnel très agressant dans l'établissement de la relation parents-enfants.

Les mères (ne parlons pas des pères !) n'avaient aucun droit à pénétrer dans les nurseries — motif invoqué : les microbes —, aucun droit bien sûr à changer leur bébé.

Le jeûne était obligatoire — motif : il faut que le nouveau-né perde 10 % du poids de son corps si on veut qu'il démarre bien.

Ceci aboutissait à des mises au sein tardives, à des restrictions dans les rations, voire à la suppression d'une tétée chez ceux qui avaient l'audace de ne pas perdre ces fameux 10 %.

La politique ostensiblement favorable à l'allaitement maternel se traduisait par l'obligation qu'avait toute femme qui ne désirait pas allaiter, de signer un « refus d'allaiter » consigné dans le dossier, et par la suppression de toute médication antilaiteuse chez les mères dont l'enfant était de petit poids.

Ainsi, nous, médecins et sages-femmes, ne prenions aucune part de responsabilité dans le fait que ces bébés ne recevaient pas le lait de leur mère.

Il était de temps en temps signifié à la mère que, par son refus d'allaiter, elle réalisait en quelque sorte une non-assistance à personne en danger et que si son enfant mourait de toxicose, etc.

Les horaires des tétées étaient bien sûr fixés arbitrairement, de même que les quantités ; et même en cas d'allaitement maternel, avec une conscience professionnelle sans faille, la responsable du cahier de régime inscrivait pour les enfants au sein, 6 ou 7 fois 10 g à J1, 6 ou 7 fois 20 g à J2, etc. Chez les enfants de poids normal, il n'était pas question de donner à boire la nuit autre chose qu'un peu d'eau et, si malgré cela l'enfant pleurait, c'était sans importance, puisque, comme chacun sait, « ça leur fait les poumons ».

Mis à part de nombreux problèmes médicaux : manque de sucre dans le sang, perte de poids catastrophique, et le fait que le niveau sonore de la maternité était assez élevé, en raison des hurlements de ces bébés insatisfaits, deux constatations s'imposaient à mes yeux : la majoration des états dépressifs pendant le séjour qui durait 9 jours au minimum (avant les 9 jours, les femmes signaient une décharge si elles désiraient sortir) ; l'état d'anxiété dans lequel ces femmes étaient lors de la sortie, n'ayant jamais vu leur enfant nu, ne l'ayant jamais manipulé, ne sachant absolument pas comment se fait un biberon ; enfin leur morcellement était grand en raison des contradictions engendrées en elles parce qu'intuitivement elles avaient envie de faire, mais qu'elles n'osaient faire, ce qu'on ne leur laissait pas faire, ce qu'enfin on les obligeait à faire ou à ne pas faire (tout cela bien sûr avec beaucoup d'autorité).

Les mères se plaignaient aussi de la rapidité et de la technicité des consultations prénatales où les mêmes mots étaient trop véhiculés : hauteur utérine, état du col, mouvements actifs, albumine, tension artérielle.

J'ai en effet une très grande réticence vis-à-vis de tout ce qui peut devenir un comportement rituel figé et qui, par là même, entraîne une condamnation de celles et ceux qui ne veulent pas s'y soumettre, entraîne une culpabilisation et une angoisse de celles qui ont omis un rite, en raison de la crainte des conséquences que cela fait peser sur l'avenir physique ou affectif de l'enfant. Conséquences non démontrables, risque d'entraîner des erreurs médicales graves, et risque de focaliser toute l'énergie de l'équipe sur la naissance au détriment de ce qui se passe ensuite. On écarte toute violence de l'acte de naissance, mais deux heures plus tard, quand l'enfant, sorti de la salle d'accouchement, réclame à téter, la mère ne fait que dire que ce n'est pas l'heure et on le laisse une fois de plus se « faire les poumons ».

Il y a cependant des circonstances où il faut savoir devenir violent, c'est-à-dire agressif envers le corps de l'enfant, dans les états de mort apparente par exemple, car, comme le dit souvent le professeur Minkowski : il n'y a pas pire violence envers un enfant, comme envers ses parents d'ailleurs, que de le rendre encéphalopathe à vie pour s'être abstenu de toute attitude agressive envers lui à la naissance.

L'enfant va donc entrer en suite de couches et c'est à ce niveau qu'il me paraît fondamental de lutter contre la violence implicite que nous véhiculons envers la mère, le père et le nouveau-né pendant tout leur séjour, violence dont j'ai donné quelques exemples en introduction, qui ont pu vous paraître caricaturaux. Ils étaient malheureusement authentiques et il est sûrement des endroits où se vivent encore des situations semblables.

— Le paternage n'est plus quelque chose de l'ordre du naturel, du modèle que l'on a devant soi depuis la petite enfance et que l'on intègre progressivement, en raison de l'éclatement de la famille élargie et de la réduction de taille des fratries, comme je l'ai déjà mentionné.

— L'isolement très fréquent des jeunes accouchées à leur retour.

— Leur particulière fragilité pendant cette période — fragilité plus ou moins grande selon le passé et l'environnement affectif et social de ces femmes.

Cette prise de conscience devrait déboucher :

— sur une modification de certains mécanismes de fonctionnement, à commencer, par exemple, par le réveil des mères à 6 ou 7 heures, selon les services, pour la prise de température,

— par la suppression des horaires de tétées,

— par la modification de l'architecture des maternités qui devraient être conçues pour que les mères puissent avoir l'enfant dans leur chambre,

— par l'ouverture aux frères et sœurs, mais il est vrai qu'indépendamment de l'arrêté préfectoral qui interdit cette mesure, l'architecture de nos maternités actuelles ne la rend pas possible.

— sur une remise en cause du rôle de chaque soignant afin d'obtenir que les soignants ne se substituent pas à la mère, mais conçoivent leur rôle comme essentiellement éducatif.

Prise de conscience de l'hypermédicalisation, enfin, dernier point sur lequel on doit s'interroger si l'on veut diminuer la violence implicite que l'on peut exercer envers le nouveau-né et ses parents.

Il est impératif que les examens du pédiatre soient faits en présence de la mère, ou du père s'il y a lieu.

La formation :

Il y a une carence dans la formation de tous les soignants en ce qui concerne leur rôle préventif et éducatif. L'implication psychosociale dans tout ce qui touche à la maternité n'est pratiquement pas enseigné, et les soignants pour lesquels c'est l'aspect essentiel de leur travail, je veux dire les auxiliaires de puériculture, et qui sont le plus au contact des parents, sont encore moins formées que les autres et sont moins préparées à savoir accepter les réactions d'agressivité, de dépression, d'incohérence, d'anxiété, qui sont le lot commun des situations que l'on vit en maternité et qu'elles vivent comme un échec au niveau de leur compétence professionnelle. Elles sont aussi les moins aptes à savoir prendre du recul par rapport à tout cela (personnel jeune). Elles sont aussi les premières à mal supporter qu'on laisse les mères s'occuper de leurs enfants. Elles se sentent dépossédées.

Le fonctionnement institutionnel :

On se rend aussi très vite compte, quand on travaille en maternité, de la façon dont chaque soignant s'implique affectivement. Chacun véhicule en soi l'image de la bonne mère qu'il a eu ou aurait voulu avoir et chacun se projette dans la relation qu'il voit se nouer entre la mère, le père et leur nouveau-né, pensant sûrement qu'il est pour cet enfant, dont les parents sont inexpérimentés, le père ou la mère le plus adéquat, d'où ces substitutions dans les soins : je ferai mieux qu'elle ; d'où ces étiquetages : il y a les bonnes, les mauvaises, les trop aimantes, les trop rejetantes, les trop anxieuses, les trop insouciantes. D'où, enfin, une certaine normalisation dans les actes de soins, qui traduit une difficulté à ne pas se mêler de ce qui se passe sous nos yeux. Il y a comme un besoin incessant d'intervenir comme si on ne supportait pas que ce plaisir ou ce déplaisir partagés entre l'enfant et ses parents existent sans une intervention directive de notre part.

Ce tableau décrit, hélas, une plaie non seulement des maternités, mais de la plupart des hôpitaux français : le non-respect de la personne.

Il illustre aussi, plus généralement, certains aspects du « mal français » : l'incapacité à prendre l'Autre en considération, le « chacun pour soi », la hargne, la jalousie et la méfiance. Tout reste à faire, en ce domaine, depuis l'école maternelle...

XII

De la fatalité
à la programmation

Pourquoi avoir souvent délaissé, dans le propos de cet ouvrage, la notion de *risques* que nous mettions en avant dans *Pour un nouveau-né sans risques* ? Peut-être parce que sont réalisées maintenant un certain nombre d'options que nous recherchions avec acharnement depuis une vingtaine d'années : l'établissement de la prévention, de meilleurs rapports humains, la suppression partielle des morts et des handicaps, et, avec l'aide de la recherche scientifique et biologique, grâce aux soins intensifs au nouveau-né de tout petit poids (inférieur à 1 200 g et jusqu'à 700 g), le fait de pouvoir compter sur des chances raisonnables d'avenir sans séquelles neurologiques graves. Ces options sont en passe d'être, sinon totalement, en tout cas en grande partie entrées dans la pratique.

S'agissant aussi bien des soins aux nouveau-nés, des grossesses à risques que de la naissance en général, nous avons tenté de réfléchir sur ce que représentait, en cette fin de siècle, la naissance, tant en France qu'en Europe et dans le tiers monde. Notre formation, notre esprit ne seraient pas à même de couvrir l'intégralité d'un tel sujet, qui se confond avec la vie même. Nous avons par le passé été obligé, pour obtenir des résultats, d'accentuer les craintes, de surestimer la prudence ou la vigilance. Nous avons laissé se creuser malgré nous un fossé extrêmement profond entre ce qu'obtient le monde occidental dans le domaine technique et un tiers monde en proie à la rudimentarité, à la précarité. Pour toutes ces raisons, ce regard sur la naissance nous a paru s'imposer sur le plan technique aussi bien que spéculatif, social, humain, sentimental et culturel.

Où en est le concept de naissance ? Comment peut-on imaginer que sera vécue la naissance normale ou pathologique dans les années et les décennies à venir ? On est passé ici, comme toujours, d'un abus à l'autre. L'abus ancien, c'était, sous prétexte de je ne sais quelle sélection naturelle qui exposait les femmes à subir la mort en couches (il en existe un peu plus d'une centaine de cas par an en France), la condamner à subir successivement la naissance d'enfants vivants, d'enfants morts, d'enfants handicapés, des fausses couches, et d'accepter la fatalité de tant d'épreuves. L'abus actuel, dans le monde occidental, s'apparenterait peut-être à ce qu'on pourrait nommer les « excès de programmation ».

Nous voici passés de la fatalité à la programmation.

Nous ne sommes animés par aucune idée religieuse de la vie ; nous ne croyons pas qu'en ce domaine, s'en remettre simplement à Dieu peut suffire pour adopter une attitude raisonnable, adulte. Et il nous faut à cet égard revenir sur ce qui fait la gravité et la noblesse de la démarche humaine : l'acceptation de l'incertitude et du risque, des contradictions et des paradoxes qui sont la richesse de notre vie. La médecine, les soins étayés sur des bases scientifiques, la prévention qui ressortit presque autant aux domaines sociologique, ethnographique et psychologique qu'à celui de la médecine, sont là pour essayer non pas de diriger la reproduction, ni de la discipliner à l'excès, mais pour l'orienter, éviter telle catastrophe, faire en sorte que les couples qui ont décidé d'avoir 2 ou 3 enfants puissent mener leur projet à bien, eux qui ne s'attendent ni à perdre un enfant, ni à avoir un enfant handicapé, mais à programmer sans encombre leur vie de famille.

On est bien loin du « croissez et multipliez » de la Bible. Par contre, ce qui persiste à travers les âges, c'est ce que — même pour un médecin, un scientifique, un chercheur — l'on peut appeler le « miracle de la naissance ». L'arrivée de l'enfant est toujours un événement extraordinaire, même s'il se reproduit constamment, même s'il a fini par paraître banal à force de répétition. L'événement tient en effet du miracle. La science et la biologie n'ont pas fini de l'interroger et de s'interroger à son propos, comme nous l'expliquerons dans un prochain livre. En admettant que des mécanismes y préparent, la rapidité avec laquelle un nouveau-né passe du ventre de sa mère à l'air libre et devient alors en partie autonome, lui qui était jusque-là totalement dépendant, a de quoi étonner et faire s'émerveiller.

Il est d'ailleurs curieux de constater que ce « miracle de la naissance » et de l'expression du bébé, la richesse du premier regard, son mystère, son impénétrabilité, ont été si pauvrement perçus par les peintres. Un peintre « diabolique » comme Jérôme Bosch a certes été capable d'exprimer

203

l'émerveillement devant la nativité dans un tableau du petit musée d'Erasme à Anderklecht, près de Bruxelles, mais aucun peintre n'a vraiment rendu l'expression d'un nouveau-né. Bien souvent, c'est plutôt de placidité, d'impersonnalité qu'il faudrait parler. Et cette note merveilleuse fait souvent défaut jusque chez l'enfant Jésus.

C'est la notion de *plaisir* plutôt que celles de joie, de bonheur ou de gaieté qu'a retenue notre groupe périnatal, composé en majeure partie de femmes chez qui l'accouchement avait souvent laissé des images pénibles, pour définir le critère essentiel d'une grossesse heureuse, menée à bien, et rendre compte de la beauté de la naissance. Dans ce comité périnatal que j'ai présidé depuis quelques années, nous avons fait inscrire le plaisir, au même titre que la sécurité, parmi les droits auxquels une femme enceinte peut prétendre et pour sa grossesse et pour la naissance qui suivra. Ce qui faisait dire à une ex-ministre déléguée à je ne sais plus quoi : « Monsieur le Professeur, comme vous le soulignez, le plaisir est un paramètre dont il faudra à l'avenir tenir compte. »

Voilà comment le plaisir devient un *paramètre* dans notre société d'énarques et de polytechniciens...

Cette préservation du plaisir de faire un enfant, qui est l'un des thèmes de ce livre, pourrait bien curieusement s'inscrire en opposition avec la recherche de la sécurité. Pour toute une « bande » d'écologistes, de naturalistes, de « spontanéistes », de psychanalystes aux yeux de qui les progrès de la médecine et de la science ne sont que l'expression pure et simple d'un « pouvoir médical », pour tous ces gens-là qui sont d'ailleurs parfois des ratés de la médecine, des paresseux qui ne se sont pas donné le mal de chercher, d'obtenir des résultats, de quantifier des phénomènes, de les rendre épidémiologiquement fiables — pour tous ces apôtres de la voie de la facilité, il semble qu'on ne puisse plus faire appel ni à la science, ni à la raison, ni à la logique, ni à la sécurité, ni à la nécessité pour une femme d'accoucher dans les meilleures conditions possibles, sans que ceci ne vienne profiter au pouvoir médical !

Un conflit s'est ainsi développé entre « démédicalisation » et « surmédicalisation ». On en vient à prescrire un accouchement naturel, « sans violence », à domicile, avec le moins de médecins possible, le moins d'appareils possible, sous prétexte que la grossesse étant un événement naturel et non une maladie, il faut éviter à la femme tout ce qui pourrait être, comme disent maintenant ces écervelés, « iatrogénique » ! Iatrogénique veut dire pour eux : qui crée de l'anxiété chez la femme — et cela risque de vouloir dire pour nous : naissance d'un enfant anormal, handicapé ou mort.

Voilà donc un affrontement stérile qui nous a obligés à prendre des positions parfois excessives pour éviter à la femme toutes sortes de violences internes et de paniques. Ces irresponsables sont allés jusqu'à utiliser des arguments totalement faux : pour eux, le fait de poser un appareil de monitorage électrocardiographique risquait d'être dommageable au fœtus et de créer une anxiété pathologique chez la mère. Tous ces mots porteurs en eux-mêmes d'insécurité, générateurs d'irresponsabilité, servent à prôner une démédicalisation qui nous paraît à peu près aussi stupide que l'ont été les modes de l'antipsychiatrie et de l'antimédecine.

Il est vrai que le corps médical et la majorité des

établissements hospitaliers, au cours de ces 30 dernières années, ont méconnu la grossesse normale, la « fête », pour ne s'attacher qu'à la technologie. Mais on ne répétera jamais assez qu'un accouchement qui se déroule bien peut brusquement se terminer fort mal et qu'en quelques minutes, si l'on n'y prête pas attention, on peut « perdre » définitivement le cerveau d'un fœtus de futur nouveau-né, d'un futur être humain. Cette nécessaire sécurité exige de la vigilance, même quand tout se passe apparemment bien.

Tous les progrès encore à accomplir vont nécessiter le concours des pouvoirs publics, des médias, des sociologues, des spécialistes des relations humaines. La biologie demeure certes à la base de tous les progrès en médecine, mais comme le vide est grand du côté des sciences humaines ! Il faut tendre à leur donner aujourd'hui une sorte de priorité, puisqu'il semble assuré que la biologie ne reviendra pas en arrière dans la multiplication de ses bienfaits.

Les jeunes doivent être dûment éduqués, de très bonne heure, dans la contraception qui sera leur responsabilité. « Responsable » : voilà bien la qualité qui doit présider à la destinée d'un enfant et à la procréation ! Exemplaire, à cet égard, a été l'exposition sur la naissance en Lorraine réalisée par les élèves de 3e du Collège Emile Galley, à Essey-lès-Nancy, avec leur professeur Mme Laumonier. Car la fréquence des grossesses chez des enfants de moins de quinze ans est en pleine progression, par exemple aux Etats-Unis dans les états réfractaires à la contraception, comme la « Baptist belt » du Sud-Ouest américain ou des états catholiques comme le Connecticut.

Pour que les vieux tabous soient jetés bas, pour

que, loin de se voir reprocher licence ou débauche, les jeunes qui se livrent de plus en plus précocement à l'activité amoureuse puissent le faire en tout état de cause sans donner naissance n'importe comment à un autre être humain, une véritable évolution doit se faire dans les esprits.

L'avortement et la grossesse chez une enfant de quinze ans et moins sont en effet des catastrophes à des titres divers. Il faut que nous y prenions garde. Si l'excès de programmation comporte certains défauts, la voie du « n'importe quoi » serait encore pire. Entre ces deux voies extrêmes, la juste mesure est de rigueur. Elle doit être enseignée de bonne heure. Odile de Bethmann, ma collaboratrice, s'est déjà spécialisée depuis de nombreuses années dans des séances de discussion et de réflexion avec de jeunes lycéens et lycéennes, dans notre bibliothèque de salle de cours, au-dessus de notre service, et dans notre unité de recherches.

Mais il va falloir aussi éduquer les médecins, faire en sorte par exemple qu'on ne conseille pas l'avortement à une femme sous prétexte qu'elle a eu une maladie infectieuse en réalité non dangereuse pour le fœtus, ou parce qu'elle a pris un médicament quelconque dont on sait qu'il n'est pas générateur de malformation congénitale.

Dans de nombreux cas, notre service, notre téléphone, nos lettres, notre secrétariat et nous-mêmes avons contribué à permettre à de nombreuses femmes inquiètes de garder leur enfant alors qu'elles étaient enceintes de moins de trois mois et qu'un médecin de leur entourage leur avait dit : « Vous savez, s'il y a un doute, il vaut mieux se faire avorter. »

Il faut tout autant lutter contre l'excès de programmation : ainsi quand un couple vient nous voir et nous dit : « Pouvez-vous nous *garantir* un enfant normal si nous faisons faire une ponction amniotique ?... » Il faut rappeler que, de toute façon, quoi qu'il arrive et quoi qu'on fasse, il y a encore près de 2 % de malformations congénitales, chiffre relativement important. Ces 2 % de malformations congénitales ne sont pas toutes encore évitables. La part du hasard est donc encore grande et elle le restera pendant de nombreuses années. Tout en évitant le risque de manière calculée, il faut donc savoir l'assumer, l'affronter, savoir qu'au bout du compte une partie de notre population sera faite de gens handicapés non autonomes, mais qui ont droit à notre respect, au statut de citoyens protégés par ceux qui n'ont pas subi le traumatisme ni le danger.

Si, d'un autre côté, nous regardons ce qui se passe dans le tiers monde avec qui je me sens de plus en plus lié, nous voyons alors que la grossesse s'y passe « à ras de terre ». Sur 300 000 naissances au Mali, 8 000 femmes meurent en couches, on l'a vu, et plusieurs milliers sont des invalides définitives à la suite des délabrements génitaux dont elles ont été l'objet à cause de mauvais soins. Des dizaines de milliers d'enfants meurent au cours de leur première année. On pourrait d'ailleurs dire qu'étant donné la famine qui les attend, c'est peut-être parfois un moindre mal. Mais, pour la mère, c'est toujours une affreuse douleur, même dans ces pays où la vie et la mort ont presque le même sens.

Le monde occidental, par un dialogue Nord-Sud, la concertation, un souci constant de réduction des inégalités, se doit de s'intéresser à ces problèmes. Il le fait parfois avec bonne volonté, mais, jusqu'à présent, avec bien peu d'efficacité.

Chaque couple concerné doit penser à son propre projet, mais aussi à tous ceux qui enfantent, à tous ceux qui procréent, à tous ceux pour qui la vie va être changée par l'apparition d'un être nouveau, par cette famille qui continue, qu'on le veuille ou non, d'être notre raison de vivre et à laquelle nous sommes désormais en mesure d'offrir une sécurité presque certaine. La naissance, maintenant qu'elle ressortit aux domaines de la médecine et de la science, devrait, dans l'immense majorité des cas, être un événement uniformément heureux, mais s'il est beau de contempler une famille nombreuse, il est moins facile, étant donné les difficultés persistantes qui entourent la grossesse et l'accouchement dans nos sociétés industrielles — pour ne pas parler de celles auxquelles se heurtent les couches les moins favorisées de la population —, de prôner le 3e enfant sans proposer d'aide réelle. Pourtant, ce 3e enfant apparaît bien comme une nécessité démographique pour l'avenir de notre pays.

Le personnage central de cet avenir me paraît être la sage-femme plus encore que le médecin. Jusqu'à présent, en particulier en France, le fait qu'elle soit femme sans être docteur en médecine n'a pas permis qu'on utilise à plein ses capacités, ses qualités, sa compétence. Elle n'en n'est pas moins, pour nous, la figure de proue de la médecine périnatale et de la périnatologie.

On peut, en France, pour la prévention et les soins, utiliser la grande diversité des structures existantes, qu'elles soient publiques ou privées, composées de personnel médical ou de personnel de santé (que je n'appellerai jamais « paramédical » !) Je trouve la capacité de ce personnel au moins aussi grande que celle des médecins. Une des raisons pour lesquelles il y a encore en France trop d'accidents en médecine périnatale, trop d'accouchements ratés, trop de grossesses mal suivies, tient aux rivalités souvent de bas étage qui opposent les différents tenants du corps médical. Certains sont laissés parfaitement libres de commettre des actes extrêmement dangereux. Ils sont certes peu nombreux, car les obstétriciens et les néonatologistes français ont fait, au cours des dernières années, d'immenses progrès. Raison de plus pour mettre hors d'état de nuire ces brebis galeuses !

J'ai vu aussi beaucoup de médecins se plaindre de la présence dans leurs parages de telle ou telle préposée à la protection maternelle et infantile. Puisque celle-ci est salariée, ne « fait » pas de clientèle privée, essaie de faire de la prévention, elle n'est ressentie par certains que comme une « détourneuse » de clientèle. Tout cela n'a aucun sens ; l'expérience que nous avons menée dans la Seine-Saint-Denis avec Daniel Lipzyk, Mme Spira et Mme de Chambrun a au contraire montré que toutes les structures habituelles ou ordinaires en France pouvaient parfaitement concourir à un résultat excellent, et c'est ainsi que nous avons vu ensemble 30 médecins généralistes, 3 accoucheurs — 2 du secteur privé, 1 du secteur public —, des sages-femmes à domicile et des puéricultrices de la protection maternelle et infantile, l'inspection de la Santé, la direction de l'Action sanitaire et sociale, des psychologues, des travailleurs sociaux, travailler de concert à instaurer une visite mensuelle bien faite pour surveiller les grossesses quelles qu'elles soient. Tout le monde est parvenu à s'entendre, parce que tout le monde était persuadé de l'utilité de la demande, ce qui montre bien que tous les médecins et les corps de métiers intéressés sont tout à fait capables d'une action généreuse, désintéressée, du moment qu'elle est efficace et bien explicitée. Nous avons vu là ce que nous souhaiterions voir étendu à toute la France, c'est-à-dire la disparition des rivalités dans un système médical diversifié dont il faudrait d'ailleurs souhaiter la pérennisation. Il n'est pas de système qui l'emporte sur l'autre. Il faut d'une part ne pas supprimer la médecine libérale, il faut d'autre part donner beaucoup de responsabilités au personnel de santé. Il faut faire en sorte que, quand les grossesses à risques sont repérées, les médecins généralistes s'en dessaisissent, ainsi que les sages-femmes, au profit du gynécologue obstétricien.

Des résultats étonnants ont pu ainsi être obtenus en certains endroits de France, notamment en matière de mortalité périnatale, pour les diabètes, l'hypertension artérielle et pour les grossesses à « très hauts risques ».

La publication d'un fascicule de prévention par la Mutuelle Générale de l'Education Nationale, qui a financé toute cette opération, montre que le peuple, représenté par ses instituteurs et ses professeurs de l'enseignement public, est capable de prendre en charge ce genre de problèmes de prévention et de santé. Dans un pays comme le nôtre, à condition de faire tomber les barrières, d'expliquer à chacun le sens de l'action commune, on peut œuvrer ensemble. Ce n'est pas là une vue de l'esprit, c'est la réalité que rencontrent ceux qui y croient.

Nous y sommes presque parvenus. Il reste à préserver l'acquis, à lutter contre l'obscurantisme, à éviter à la fois la négligence et la panique, à supprimer progressivement les inégalités géographiques et économiques. Les modèles scandinaves nous montrent la voie à suivre. Cet effort de sagesse et de mesure sera avant tout inspiré par le respect de la personne : celle qui porte, qui façonne la vie, par qui se constitue la future famille.

XIII

Perspectives de la naissance pour cette fin de siècle et l'an 2000

Par principe, nous ne nous livrons guère à la futurologie ni à la prospective, n'en déplaise aux grands maîtres de ces deux pseudo-sciences qui font toujours fureur. N'en déplaise aussi à ceux qui, périodiquement, se réunissent dans les magnifiques salines d'Arc-et-Senans pour y discuter à perte de vue de je ne sais quoi, autrement dit de l'avenir du monde. Il suffit de se pencher sur l'histoire ancienne, et encore plus sur la récente, pour constater combien les grands événements prennent les pronostiqueurs et les politiciens à l'improviste. De toute manière, ce qui compte avant tout dans cette démarche, c'est l'histoire des grands mouvements d'idées.

Nous aimerions en fait récapituler ce qui ne va pas, dire les espoirs, mener en quelque sorte de front la vigilance et la sérénité, en faisant dans une certaine mesure confiance non à la nature humaine, mais à ce qu'elle a de spontané, d'aimant, parfois de rigoureux, d'autodiscipline lorsqu'il en faut.

Nous commençons à traverser une période très intéressante pour un couple dans la mesure où celui-ci peut ne pas laisser entièrement sa procréation

213

dépendre du hasard. Il peut en partie la maîtriser, en partie la contrôler, en partie la programmer, mais en partie seulement car il y aura toujours des risques : il faut y faire face et il faut en éviter certains, car une fois que le risque est couru, il est trop tard. On pourrait en dire tout autant de la prévention routière, puisque la France détient en cette matière le record à la fois de la banalisation (atroce) et de l'absence de sérieux (comme d'ailleurs en matière d'alcoolisme).

On peut donc prévoir que le combat pour l'égalité des droits dans la naissance deviendra une réalité : compte tenu de ce que nous savons, une femme française, quelle que soit la région où elle demeure, doit avoir le droit d'espérer mettre au monde un enfant dans les meilleures conditions de sécurité possible. Pour cela, il va falloir s'occuper des régions déshéritées, de celles où il fait froid l'hiver, de celles où les distances entre la campagne reculée, la vallée de montagne et la maternité de référence sont grandes. Il va falloir mettre fin à des disparités, à des inégalités, et, aussi bête que cela puisse paraître, on pourra alors promettre une naissance sans catastrophe à peu près à égalité à une Corse, à une migrante, à une femme qui a un travail pénible, à une mère de famille nombreuse, à une agricultrice, à condition que soient prises toutes les mesures de protection concernant ces classes et ces professions exposées.

La naissance ne doit d'ailleurs pas rester une affaire médicale, mais celle de tous : l'affaire de la famille, l'affaire de la société, l'affaire donc des démographes. Le problème du troisième enfant ne peut pas être complètement occulté si l'on veut avoir une société productive relativement équilibrée[1]. Il faudra faire en sorte que ça devienne l'affaire de tous. Il est certain, à cet égard, que les problèmes de la reproduction doivent être évoqués très tôt, et pourquoi pas dès la maternelle ? Mais a fortiori dans le primaire, le secondaire, et plus tard à l'université, et dans les entreprises où les sages-femmes doivent accomplir un travail de formation, de surveillance, comme aussi aux domiciles de celles que leur manque d'information aurait écartées de toutes ces possibilités.

A l'avenir, des mesures sociales concernant la coexistence de la grossesse et du travail devront être prises pour les harmoniser, de même que l'allaitement sera rendu possible par la création de crèches, soit sur le lieu de travail, soit à proximité. Les femmes pourront alors équilibrer leur désir de travailler et non seulement leur désir de maternité, mais aussi celui d'élever leurs enfants. Quand ces mesures seront prises, on constatera sûrement que ce troisième enfant que les démographes appellent de leurs souhaits reviendra tout naturellement sur la scène, autrement que par les vœux pieux de patriotards vertueux qui n'ont jamais fait avancer d'un pouce le problème par leurs incantations.

Toutes les maternités, toutes les cliniques privées, tous les hôpitaux auront tendance à ne pas former de gigantesques ensembles, mais on multipliera les bons petits hôpitaux corrects tous les 50 à 100 km, faciles d'accès et où l'on pourra transporter non pas l'enfant malade, mais la mère au moment où elle

---

1. Le renouvellement simple des générations nécessite un indice de fécondité de 2,1. En 1981, il était pour la France de 1,9. Mais si l'on veut réellement une société de jeunes, le 3e enfant est une nécessité.

accouchera en difficulté, de façon qu'elle soit à proximité d'un centre de réanimation.

Les médecins généralistes ou bien auront reçu la formation nécessaire, ou bien renonceront à s'occuper de femmes enceintes. Toute personne qui ne fera pas bien son travail sera d'abord avertie, puis sanctionnée. De même qu'un établissement de mauvaise qualité devra être fermé. La justice s'entourera d'experts honnêtes, elle ne donnera pas toujours raison aux médecins ; lorsqu'il y aura eu tout simplement probabilité de cause à effet, lorsqu'il y aura eu perte de chances maximales d'avoir une bonne grossesse et un bon accouchement bien suivis, cela sera porté au crédit du plaignant, de la famille, et non pas du médecin. Le bénéfice du doute ne doit pas systématiquement profiter au médecin. Sur ce chapitre de la justice, je dois reconnaître que nous sommes loin du compte mais je fais confiance à Badinter qui s'est attaqué à ce problème en créant une « commission des victimes » présidée par Paul Milliez, où une femme dont l'enfant aura subi des dommages définitifs par faute médicale se verra, au minimum, dédommagée.

Les entreprises, qu'elles soient publiques ou privées, prendront en considération le fait qu'une femme enceinte est un être à regarder avec estime, précaution et respect, puisqu'aussi bien elle travaille et façonne en même temps un futur citoyen. Non pas que celui-ci appartienne à l'Etat : il appartient à tout le monde, il s'appartiendra d'abord à lui-même, mais on a le devoir de lui donner dès le départ toutes ses chances. Les consultations prénatales en cas de maladie héréditaire devront se faire plus fréquentes, appuyées sur des laboratoires plus nombreux ; des examens systématiques devront être assurés et, dans une certaine mesure, toute femme porteuse d'une maladie chromosomique diagnosticable devrait pouvoir être au courant, quel que soit son âge, et décider alors d'une interruption volontaire de grossesse.

Il faut souhaiter qu'elle cesse à jamais d'être un sujet de pénalisations, de scandale et de honte.

Les disparités de salaires, les inégalités sociales sont difficiles à vaincre par elles-mêmes, mais une meilleure surveillance est possible dans ces milieux à risques. Il sera entendu que la vie d'un enfant n'est précieuse qu'à condition de pouvoir rendre à la famille un enfant en bon état psychomoteur. L'acharnement thérapeutique, l'acrobatie médicale sur des grossesses à risques ou des nouveau-nés à risques, ne doivent être entrepris qu'à bon escient et dans des cas qui les justifient.

Quant à l'éducation des étudiants en médecine, différente de ce qu'elle est maintenant, elle aura permis d'en faire des êtres humains capables de se pencher sur leurs interlocuteurs, de dialoguer pendant le temps qu'il faut, et la place de la sage-femme, cette charnière de toute la périnatalité, sera restaurée, car elle sait marier la douceur à la technicité.

Ce grand plaisir qu'est la naissance d'un enfant, cette joie unique pourra être partagée par le couple, avec le père présent, participant dans la mesure du possible. Ainsi, une des grandes heures de la vie ne sera plus l'occasion de bâclages, de catastrophes, de détériorations familiales, mais sera rendue à sa plénitude.

S'il est vrai que dans beaucoup de domaines (accidents, alcoolisme, enseignement, économie, musique ou culture), les Français ont une réputation

217

justifiée de « génies de l'à peu près », ils ont pourtant déjà fait un sérieux effort sur la naissance.
Donnons-leur en acte, et incitons-les à continuer.

A quelles perspectives la France peut-elle donc
s'attendre ? De 13,5 pour mille de mortalité périnatale en 1979, nous pouvons tendre à 10 pour mille
dans les 4 à 5 années qui viennent, difficilement au-
dessous, et, par une bonne prévention, faire tomber
notre taux de prématurité nettement au-dessous de
5 % : pourquoi pas 4 et même 3 % ?
Parmi les autres pays d'Europe, ceux du Bassin
méditerranéen ont encore de gros progrès à faire
dans tous les domaines, tout particulièrement un
pays pourtant développé comme l'Italie où la médecine est retardataire et, à certains égards, dans le
domaine périnatal, presque médiéval.
Mais des pays à meilleur standard que le nôtre
doivent aussi faire des efforts : les Etats-Unis, en
programmant leur santé publique, en enlevant un
peu de liberté aux établissements privés, en se
débarrassant de ces espèces de modes abusives à la
Leboyer ; la Grande-Bretagne, qui est le pays de la
recherche scientifique périnatale princeps, doit
prendre des mesures sociales appropriées pour faire
au moins aussi bien que la France, puisque, en
matière de science, les résultats y sont inégalables ;
l'Allemagne fédérale doit planifier son programme
de santé publique et empêcher l'éclosion de multiples maisons maternelles à peine dignes de ce nom,
où les catastrophes sont encore beaucoup trop fréquentes ; quant aux Pays-Bas, à la Suisse, au Japon,
aux pays scandinaves, ils iront de mieux en mieux
dans ce domaine, jusqu'à un taux au-dessous duquel
on ne peut plus guère descendre. Nous pensons

qu'au-dessous de 8 pour mille, on atteint un chiffre de mortalité périnatale qu'on ne saurait améliorer. Au-dessous de 2 à 3 % de prématurés, il en va de même.

En ce qui concerne la médecine périnatale dans le tiers monde, il faudrait faire précéder son développement de deux mesures majeures : remédier à la malnutrition, remédier à l'infestation parasitaire et microbienne, qui sont véritablement les plaies des pays d'Asie, d'Afrique, et même d'Amérique latine. Il faut aussi que les gouvernants cessent de regarder uniquement vers l'Occident. Francophones, oui, mais franco-imitateurs, non. Il faut que ces pays établissent leur propre médecine de terrain, qu'ils considèrent les méthodes qu'ont su développer les Chinois et les Vietnamiens, leur médecine élémentaire assortie d'une amélioration de la propreté, de l'hygiène, de la nutrition, d'une multiplication des sages-femmes, et il faut que leurs gouvernements cessent de s'équiper à l'américaine, de bâtir de grands hôpitaux inutiles.

Tout cela n'est pour ainsi dire qu'un vœu pieux : il faudrait qu'il y ait à la tête de ces Etats des personnalités concernées par autre chose que la mise en place de petits états-majors locaux et corrompus qui les protègent avant de les renverser.

Il faudrait aussi qu'un dialogue Nord-Sud s'établisse dans le sens d'un « partenariat » non paternaliste, et que l'on comprenne mieux, compte tenu des cultures, des mentalités, les possibilités non d'introduire la médecine occidentale, mais, tout en conservant à la civilisation locale son identité, son authenticité, de pallier les problèmes les plus immédiatement graves. Tant que malnutrition et infestation ne seront pas vaincues, il est presque illusoire de s'occuper de médecine périnatale et de vouloir sauver des enfants de faible poids. C'est même un véritable gâchis que de voir par exemple des firmes américaines envoyer dans les pays arabes des appareils ultra-perfectionnés dont nul ne sait ni ne veut se servir.

Bref, s'il est vrai que c'est là un problème de cœur et de science, c'est aussi un problème politique. Et il appartient aux personnes responsables que le problème intéresse de conserver humilité, civisme, esprit de fraternité, foi dans les progrès de la science médicale, afin de la porter au niveau le plus élevé dans les recherches de base — y compris celles concernant le modelage du cerveau par la plasticité cérébrale, même quand il s'agit d'un sujet handicapé — et de l'intéresser aussi aux besoins les plus élémentaires des pays en voie de développement.

Car il n'y a guère de plus belles perspectives de civilisation que celles qui s'appuient sur « une certaine idée de la naissance ».

Bibliographie

AGET M. : *La naissance aux siècles classiques* (1977), Annales E.S.C., pp. 958-992.

AJURIAGUERRA (J. de) : *Leçon inaugurale de la chaire de neuropsychologie du développement au Collège de France* (1976), Daupeley-Gouverneur, Impr. Nogent-le-Rotrou (E. et L.).
— *L'inné et l'acquis dans le développement de l'enfant* (1972), Psychiatr. Enfant, XVI, I, pp. 269-292.
— *L'enfant dans l'histoire* (1978), méthodologie et technique.

ARIES Ph. : *L'enfant et la vie familiale sous l'ancien régime* (1973), Seuil, Paris.

BEDRINE H., CABAL C., WATTEL N. (1974), *Le travail des femmes*, Feuillet Méd. Travail.

B.I.T. (1974). *Médecine du Travail, protection de la maternité et santé de la famille*, Série Sécurité, Hygiène et Médecine du Travail, n° 29.

BITTNER D. : *Grossesse et naissance en milieu rural*, Thèse de Nancy, 1982.

BORCHERT P. : *L'immaculée d'iconographie du Carmel* (1955), in Carmelus, vol. 2, fase, Roma.

BORD B. : *Les grossesses à enfant visible dans l'art chrétien* (1933), in Aesculape, NF 23, Paris.

BOUVIER M. H. et Al. : *La mortalité des jeunes en milieu*

221

rural (1978), Cahier de sociologie et de démographie médicales, XVIII (I), pp. 20-34.

CATALOGUES :

Mystik am oberrhein und in benach barten Gebieten (1978), Augustinermuseum, Freiburg in Brisgau.

Spätgotik am Oberrhein. Meisterwerkie der plastik und des konsthandwerks, 1450-1530 (1970), Karlsruhe.

La vierge dans l'Art Français (1950), Paris.

CADERAS DE KERLAU J., FOURCADE J., DURAND G. (1963), *Grossesse et travail,* Arch. Mal. Prof. 6, 565-567.

CAREPS (Centre Alpin de recherche épidémiologique et de prévention sanitaire). *Enquête sur la grossesse en milieu rural depuis 1900,* C.H.U. Grenoble, pavillon D BP 217 X, Grenoble (1982).

CHOMBART DE LAUWE (J. J.) : *Un monde autre : l'enfance* (1971), Payot, Paris.

Conditions de vie et de travail des femmes dans les exploitations agricoles en France (1980, oct.).

CROLAIS : *L'agricultrice* (1981), Ramsay.

DELMAS-LATOUR E. : *Problèmes de surveillance de la grossesse en milieu rural* (1981). Journées Nationales de Néonatologie. Progrès en néonatologie. K.

DGIST n° 77, 7. 1811, 1812. Diffusée par le Centre Régional de Recherche de Sociologie et d'Economie rurale (1900).

DIDDLE A. W. (1970). *Gravid women at work. Fetal and maternal morbidity, employment, policy and medicolegal aspects,* J. Occup. Med., 12, 10-15.

DIGNAM W. J. (1962), *Work limitations of the pregnant employee,* J. Occup. Med., 4, 423-425.

DROMER : *Conditions de travail et de vie des agriculteurs.*

DUBUIT C. : *L'action à domicile de la sage-femme de protection maternelle et infantile,* Thèse Université de Nancy, I, 1980.

Enfant montagnard et son avenir (1980), publié par la « Revue de géographie alpine », Grenoble.

Femme (La) et la vie en montagne (1976). *Livre vert*

(Coche, Durand et Meriandeau), Veyret-Picot, Grenoble.

FEUDALE C. : *The iconography of the madonna del parto* (1957), in Marsyas 7, New York.

FRANKKAUFBEUREN : Maria Gravida, *in Deutsche Gane, Zeitschrift für Heimatforschong*, B5 X1, Kaufbeuren (1910), Doppelkeft 207/208.

GELIS J. : *L'accouchement au XVIIIᵉ siècle, pratiques traditionnelles et contrôle médical* (1976), ethnologie française VI, 3-4.

GELIS J., LAGET M. et MOREL M. F. : *Entrer dans la vie. Naissances et enfances dans la France traditionnelle* (1978), Gallimard/Julliard, Ed.

HIMBERT J. (1970). *Grossesse des cardiaques*, Encycl. Méd. Chir. 5044 A 10, Obstétrique. 4-1970.

HUNT V. R. (1975). *Occupational health problems of pregnant woman*, Washington, Dep. of Health, Education and Welfare, 158 p.

INSERM. *Enquête nationale sur la femme enceinte et le nouveau-né*, 1972, Ed. 1975, 25 p.

— *Travail et grossesse*, Enquête nationale, 1972.
— *Travail et pathologie périnatale*, Enquête nationale, 1972.
— *Travail et grossesse*, Enquête nationale, 1976.
— *Malformations congénitales, risques prénatals*, 1978.

KALOYANOVA F. (1976), *Femmes au travail. Santé du Monde*, août-septembre, 32-35.

KAMINSKI M., PAPIERNIK E. (1974), *Multifactorial study of the risk of prematurity at 32 weeks of gestation*, II. A. comparaison between an empirical prediction and a discriminant analysis, J. Perinat., Med. 2, 37-44.

KEYSER (Paul de) : *Maria Gravida beelden*, Een onbenkende Vlaamschen « Maria Gravida » miniatur de XVIIᵉ, in (1926), Nederland Tijdschrift voor Volkskunde, 31.

KUNTZ W. (1976), *The pregnant woman in industry*, Amer. Ind. Hyg. Assoc. J. 37, 423-426.

Lazar P., Mamelle N. : *Qualification de la charge de travail féminin et premières indications sur les répercussions sur la grossesse,* Unité statistique de l'INSERM, Contrat n° 357.

Lechner G. M. *Maria Gravida* (1981), Schnell et Steiner, Edit. Münich, Zürich.

Leroy-Ladurie E. : *Démographie et funestes secrets en Languedoc* (1965), Années historiques de la révolution française, octobre-décembre, p. 385.

— *Montaillou, village occitan* (1975), Gallimard, Paris.

Loux F. : *Le jeune enfant et son corps dans la médecine traditionnelle* (1978), Flammarion.

Luquet G. H. : *Représentation par transparence de la grossesse dans l'art chrétien* (1924), in *Revue archéologique,* 19.

Mâle E. : *L'art religieux du XIIᵉ siècle en France,* Etude sur les origines de l'iconographie du Moyen Age (1922), Paris.

— *L'art religieux du XIIIᵉ siècle en France,* Etude sur l'iconographie du Moyen Age et sur ses sources d'inspiration (1923), Paris.

— *L'art religieux de la fin du Moyen Age,* Etude sur l'iconographie du Moyen Age et ses sources d'inspiration (1925), Paris.

Mamelle N. (INSERM U. 170) : *Activité professionnelle et grossesse en milieu rural,* Journée Périnatale de P.M.I. du Ministère de la Santé (oct. 1981).

Marguet G., Michel-Briand C., Quichon R., Schirrer J. (1977), *Influence de la situation professionnelle de la femme sur l'enfant à naître,* Arch. Mal. Prof. 38, 329-346.

Médecine infantile (La) (1980), 87, 2, numéro spécial consacré aux malformations congénitales.

Michelet J. (1964), *Les femmes enceintes et le travail,* Arch. Mal. Prof., 25, 471-472.

Minkowski A. et Dumez Y. : *Le praticien* (1981), supplément n° 411 du 28 novembre.

— *Des quintuplés à la maternité Port-Royal,* une certaine idée de la néonatologie.

Minkowski A. : *Pour un nouveau-né sans risque* (1976, réed. 1981), Stock.

— *Biologie du développement* (1981), Flammarion.

Montagne de l'Isère (La), Point d'Appui nº 2, Bulletin de l'INSEE Rhône-Alpes, 1977.

Mouzay : Journée Périnatale de P.M.I. du Ministère de Santé (oct. 1981).

Muller P. (1975), *Surveillance de la femme enceinte et de la jeune mère dans le cadre de la médecine du travail*, Arch. Mal. Prof., 38, 316-329.

Nibielner Y. et Fouquet C. : *L'histoire des mères du Moyen Age à nos jours.*

Papiernik, E., Kaminski, M. (1974), *Multifactorial study of the risk of prematurity at 32 weeks of gestation*, I.A. study of the frequency of 30 predictive charateristics, J Perinat, Med., 2, 30-35.

Papiernik-Berkauer E. (1975), *Conditions de vie et de travail des femmes enceintes*, Actua. Femme, 1 (supplé. Thérap. nº 121), 40-42.

Papiernik-Berkauer E. (1977), *Effet du travail et de la fatigue sur le déroulement et l'issue de la grossesse*, Epidémiologie de la pathologie individuelle, O.M.S., Paris, 2 au 13 mai, 1977.

Paulin H. K. (1969), *Activité professionnelle et grossesse*, Arbeitsmed Sozialmed, Arbeitshyg., 2, 37-41.

Pelt Jean-Marie, *La Médecine par les plantes*, Fayard.

Périnatalité en milieu rural (1981), Fédération Nationale des Associations familiales rurales, 81, avenue Raymond Poincaré, Paris.

Ressler G. A. (1977), *The growing concern over the health of the working woman*, Occup. Hazards, 39, 59-62.

Revue Epidém. Santé Publique (1979), 27 pp. 334-335.

Rumeau-Rouquette C., Breart G., Deniel M., Hennequin J. F., du Mazaubrun C. (1976), *La notion de risque en périnatologie*. Résultats d'enquêtes épidémiologiques, *Rev. Epidém. Santé Publique*, 24, 253-276.

Rumeau-Rouquette C., Crost-Deniel M., Breart G., du Mazaubrun C. (1977), Evaluation épidémiologique du programme de santé en périnatologie. I. Région Rhône-Alpes, 1972-1975. *Rev. Epidém. Santé Publique,* 25, 107-129.

RUMEAU-ROUQUETTE C., *Evaluation épidémiologique du programme de périnatologie,* Enquêtes nationales, 1972 et 1975-1976, Rapport de l'Unité 149 de l'INSERM 20 p.

SARRETE J. : Iconographie, *Vierges ouvrantes.* Vierges ouvrantes et la vierge ouvrante du Palais del Vidre (1913), Lezignan.

SCUWARTZ (D.) : *Risques et facteurs de risque en épidémiologie et en santé publique* (1981). Concours médical 07, 103 (6) p. 175.

SIMON-JEAN F. : *Contribution à une maternité rurale et au progrès en périnatalité* (1962).

SOUTOUL J. H. (1967), *Les caractéristiques de la femme française au travail et les nouveaux problèmes gynécologiques posés en médecine d'entreprise,* Rév. *Med. Trav.* 1, 361-370.

TOLNAY (Ch. de) : *Conceptions religieuses dans la peinture de Pietro della Francesca* (1963), in Aste antica et moderna 23, pp. 205-241, 77.

Travail et Maternité (1977), Journées d'études de l'Association des surintendantes d'usines et de services sociaux, 25-26 avril 1977, *Vie Sociale,* 10-11.

Table des matières

227

Achevé d'imprimer le 22 octobre 1982
sur presse CAMERON,
dans les ateliers de la S.E.P.C.
à Saint-Amand-Montrond (Cher)
pour le compte de la librairie Arthème Fayard
75, rue des Saints-Pères - 75006 Paris
ISBN 2-213-01205-9

Dépôt légal : novembre 1982.
N° d'Édition : 6480. N° d'Impression : 2301-1470.

Imprimé en France

H/35-6982-9